WORK
你为谁工作

希文 ◎ 主编

中华工商联合出版社

图书在版编目（CIP）数据

你为谁工作 / 希文主编． -- 北京：中华工商联合出版社，2021.1
ISBN 978-7-5158-2954-8

Ⅰ．①你… Ⅱ．①希… Ⅲ．①企业－职工－修养－通俗读物 Ⅳ．① F272.921-49

中国版本图书馆 CIP 数据核字（2020）第 235657 号

你为谁工作

主　　编：	希　文
出 品 人：	李　梁
责任编辑：	臧赞杰
装帧设计：	星客月客动漫设计有限公司
责任审读：	傅德华
责任印制：	迈致红
出版发行：	中华工商联合出版社有限责任公司
印　　刷：	北京毅峰迅捷印刷有限公司
版　　次：	2021 年 4 月第 1 版
印　　次：	2021 年 4 月第 1 次印刷
开　　本：	710mm × 1000 mm　1/16
字　　数：	189 千字
印　　张：	13.75
书　　号：	ISBN 978-7-5158-2954-8
定　　价：	58.00 元

服务热线：010-58301130-0（前台）
销售热线：010-58302977（网店部）
　　　　　010-58302166（门店部）
　　　　　010-58302837（馆配部、新媒体部）
　　　　　010-58302813（团购部）
地址邮编：北京市西城区西环广场 A 座
　　　　　19-20 层，100044
http://www.chgslcbs.cn
投稿热线：010-58302907（总编室）
投稿邮箱：1621239583@qq.com

工商联版图书
版权所有　盗版必究

凡本社图书出现印装质量问题，
请与印务部联系。

联系电话：010-58302915

前言

在《魔鬼词典》里，对"老板"这一词条的解释是：老是板着脸的人。似乎全世界的老板都喜欢阴沉着脸，冷不防地就逮住一个"倒霉蛋"，揪出来折腾一翻。而被教训的"倒霉蛋"，如果没有足够的勇气另谋高就，大约就只能苦着脸唾面自干，等老板走后再悄悄地骂老板以求心理平衡。

怕折腾的员工会想，要是能和老板各做各的，就不会有这么多怨言了吧！

如果老板真的不理你了，也不问你的工作进度，开会的时候也不做交流，相信绝大部分人都不会认为这是好事。日子久了，这个公司你也许就待不下去了。

折腾与刁难并不能画上等号。

你可曾想过：老板为什么要折腾你？难道他真的喜欢在鸡蛋里挑骨头？只要员工做得出色，为什么不能成为老板的衣食父母？不是老板爱折腾你，而是你自己本身就有问题。

当你成为公司一个重要的人，特别是成为一个不可或缺的人后，老板就会自然而然地少找你的麻烦。道理很简单：老板都喜欢且欣赏一个有能力的手下，都不想为难一个有能力的手下，更不想失去一个有能力的手下。

在很多人看来，尤其是在企业的员工看来，老板是何等风光，何等让人羡慕的啊！开名车、住豪宅，用宽大的办公室，凡事不用自己动手，只需发号施令即可，而且还有机会上电视报纸，风光无限！休闲时可以飞来飞去旅游，饱览全世界各地的无限风光。

正因为如此，老板在员工心里形成了一个坏人的形象，给员工出的任何一个难题都被看作在故意刁难，破坏原来的工作程序，让员工必须花费许多精力，结果却是白白折腾。员工认为老板不会同情他们的处境，反正公司里是自己说了算，多多压榨手下也能证明自己有能耐。

殊不知员工完全想错了，他们只看到了老板在人前无限风光的一面，没有看到老板在人后痛苦万分的一面，没有看到老板为自己的成功所付出的一般人难以承受的艰辛和努力，更没有看到老板为了工作和事业，被亲人、朋友不理解的一面。

如果你能够和老板换位思考，你就能理解老板的辛酸和辛劳，理解老板的一些无奈，理解老板的一些严厉甚至苛刻。理解了这些，你就不会把老板当成仇敌一样怨恨他，甚至故意和他作对，你就会明白，老板所付出的这一切，其实不只是为他自己，也是在为员工负责。

因为老板不是一个人在奋斗，他是带领团队在打拼，他的肩上担负着为员工负责的重任。让员工对工作满意，从工作中得到发展，让员工有一天也和自己一样过上幸福的生活，也是他们追求的目标。

如果能和老板换位思考，你就会明白，自己不只是为老板打工，也是为自己的事业打拼。企业给自己提供了一个发展的舞台，老板就是帮助自己成长的人。因此你会感激老板，自觉主动地向他们学习，争取做他们的得力助手。

不要怕老板的折腾，终有一天你会发现，正是老板对你一直以来的折腾，让你将来变成老板甚至超越老板。这是建立在你和老板相互理解的前提下的，假如你和老板互不理睬，那么还谈什么团队凝聚力、向心力，何谈超越呢?

所以,不怕老板折腾你,就怕老板不理你。思路一变天地宽。那些总是对老板抱有偏见的员工请翻开这本书。它会给你一个新的视角,让你重新认识老板,认识自己,唤醒你对工作的热爱,找到你曾经失去的工作热情和动力,自觉自发地用积极正面的态度投入工作。这就是编者最大的愿望。

目录

第一章 老板为什么要折腾你

老板是吝啬鬼吗？/003

老板为什么总板着脸 /006

为什么老板爱折腾人？/010

其实你不懂老板的心 /012

老板也有人情味 /014

应该反思的是自己 /016

遭老板批评巧应对 /019

不要生气，要争气 /021

第二章 老板的辛苦你要知道

老板是世界上最苦、最累、最孤独的人 /025

老板承受的压力你无法想象 /027

对老板多一些普通人的关怀 /029

对老板多一些宽容和同情 /032

对老板要有一颗感激的心 /034

第三章　你是在为谁工作

为薪水而工作吗 /039

为老板而工作吗 /041

你在为你自己工作 /042

是企业成就了员工 /044

为老板打工也是为自己打拼 /045

第四章　态度决定高度

把职业当成事业 /051

让工作成为兴趣 /052

现在开始停止抱怨 /055

理性面对压力 /058

如果付出与回报不成正比 /060

这些想法别带进职场 /063

第五章　别把老板当敌人

假如你是老板会如何 /067

和老板来个换位思考 /068

积极主动与老板沟通 /072

不妨把老板当成老师 /074

适应老板的做事风格和习惯 /074

时时维护老板的面子 /076

让老板心甘情愿喝"苦药" /078

和老板保持步调一致 /080

与老板和谐共处是发展的关键 /082

第六章　与公司共命运

公司是你的船 /087

目录

与老板同舟共济 /089

你们身处同一个战壕 /091

和公司一起成长 /092

站在公司的立场考虑问题 /095

把公司利益放在第一位 /096

第七章 做事最怕不到位

将工作做得尽善尽美 /101

正确做事更要做正确的事 /104

养成注重细节的好习惯 /105

没有借口、不打折扣地执行 /108

每天多付出一点点 /109

眼里要有事情 /111

是什么导致拖延 /113

第八章 做问题的"杀手"

做问题解决者而非抱怨者 /119

不要逃避与推开问题 /122

机会存在于问题之中 /125

解决问题的基本思路 /127

将注意力集中在一点 /129

解决问题的灵感何来 /130

第九章 光做事不行还要做人

在老板面前不失言 /135

营造良好的人际氛围 /137

同事相处的黄金法则 /139

把握好与老板的距离 /142

遭受误解后这样冰释前嫌 /144

办公室和谐之十大策略 /147

同事之间有矛盾怎么办 /149

第十章 忠诚会令你更受器重

忠诚胜于能力 /155

忠诚乃立身之本 /157

忠诚不谈条件 /159

严守公司机密 /161

忠心不是唯唯诺诺 /163

第十一章 责任感使你出类拔萃

清楚责任，承担责任 /167

认真负责地履行职责 /169

老板在与不在一个样 /173

职场没有"分外"的工作 /174

勇于承担失败的责任 /176

第十二章 挑战与超越自己

点燃你工作的激情 /181

做个时刻进取的强者 /183

学习的脚步不能停歇 /186

时时反省，扬长弃短 /188

把创新当成习惯 /190

勇于挑战高难度工作 /191

第十三章 老板最不喜欢的六种人

容不得批评的人 /197

目录

混饭吃的人 /198

牢骚满腹的人 /200

自以为是的人 /201

把公司当跳板的人 /203

嫉贤妒能的人 /205

第一章
老板为什么要折腾你

第一章

書銀行と金融制度

在员工中，只要提起老板，相信很多人都会气不打一处来。"我们的老板真抠门。财大气粗却舍不得为我们多发点工资，整个一个吝啬鬼！""我们的老板什么也不会，只是在那里瞎指挥。""哼！老板会什么，没有我们，他早喝西北风去了。"

老板上辈子得罪员工了吗？老板天生就与员工有冤有仇吗？当然不是。既然不是这样，为什么员工独独对给自己开工资的老板一肚子不满意呢？

员工对老板有如此大的意见，难道他们真的了解老板吗？了解老板为什么这样做，了解老板这样做的苦衷吗？员工要对老板多一些了解，更要学会站在老板的角度看问题。那样你也许就会发现，老板并不是自己想象的那样可恨。

对老板多一些了解，才会消除彼此之间的怨恨，奏响企业和谐的旋律。

老板是吝啬鬼吗？

在员工和老板之间的矛盾中，有99%的员工都认为是自己的老板太吝啬。比如，年终不发年终奖，平时过特殊节日不放假也不聚餐，或者即便聚餐也吃得超差等。

在员工们看来，企业的利润大部分是他们创造的，员工拼死拼活，挥汗如雨地干活，老板在空调暖气的房屋中悠闲自得地喝茶聊天，出则高级轿车、高级酒店，员工能满意吗？他们怎能不把老板看成吝啬鬼葛朗台一样的人物，抱怨老板太抠门，舍不得对员工多"出血"呢？

在员工的心目中，有些老板简直和葛朗台相差无几，和葛朗台一样都是典型的"守财奴"。只不过，葛朗台不只对员工，对他的亲戚、亲人都是一样吝啬，而且吝啬的程度简直令人发指，众人皆知。

当葛朗台的侄子从巴黎来到他家后，葛朗台居然东翻西找拿出一个大圆面包来招待侄子。当女佣担心一个干面包不够五口人吃时，葛朗台回答说："这个面包足有六磅（2.7千克左右）重，准吃不了。况且，巴黎的年轻人，他们根本不吃面包。"

对自己的亲戚都如此算计，真让人又恨又笑又无奈！

如果说，以前员工们总认为那是文学作品中的人物付之一笑的话，现在他们走进职场才发现，像葛朗台这样的老板竟然大有人在。这是为什么呢？如果说穷人因为饥寒交迫的生活所迫不得不吝啬，一分钱掰成两半花，也可以理解。可是，一个家大业大的公司老总为什么还要如此吝啬呢？

当员工们发出这样的疑问时，老板们通常会这样回答：你们知道什么？不当家不知道柴米贵。富日子也要当穷日子过。

的确，员工们只是在自己的小家庭中打转，他们不用考虑进货的资金周转，不用考虑压货呆账给企业造成的损失，不用为资金周转不开而去"求爷爷告奶奶"。他们不知道企业有多少家底，甚至更不清楚企业背负着多少债务，只要每月按时开支即可。再加上生活节奏紧张，很多人每天在家、工厂之间兜兜转转，或者加上一个菜市场，三点一面。在这种狭隘的生活环境中，他们怎能不坐井观天哪？

如果员工们走出自己的工厂就会发现，其实，不只是自己公司的老板会如此吝啬，全世界的老板都一样是铁公鸡一毛不拔。原因不外乎以下几方面：

其一，老板的钱是自己辛苦打拼出来的，他们知道赚钱不易。有个乡镇的私企老板就这样嘲笑自己说："赚钱如吃屎，花钱如扬沙。"此话虽不雅，可是挣钱的艰难他们比员工体会得更深。企业初创时没有什么员工，是他们辛苦打拼积累了原始的资金后才开始招兵买马。因此，员工们很少能体会到创业初期赚钱的艰辛，而老板却有切身体会，他们怎能不精心算计。

其二，老板的家业就是这样一分一厘省出来的。他们知道钱不仅要挣，而且要省。俗话说，吃不穷喝不穷，算计不到就受穷。如果什么事都大手大脚，再大的家业也会被吃光喝光。

其三，商人的本性所决定的。商人的本性就是赚钱，老板作为商人，作为投资者，首先是为自己的利益着想。从这个角度来说，老板和员工之间存在利益对立，是相互矛盾的个体。如果他们给员工付出得多，自己的利益就会受到影响。因此，他们对待员工会想办法节省开支。在员工身上省去一分钱成本，则意味着自己多赚取一分钱利润。特别是在资本的原始积累时期，他们最希望的就是让员工少拿钱多干活，如果一个员工是多面手，能干三个人的活而只拿一个人的工钱，那就是他们最希望的。

尽管老板这样做的出发点是为自己，但是老板们这样做不是单纯的吝啬，而是精明的表现！一个老板崇尚节约、适当控制开支应该说也是会理财的表现。君不见，在企业管理中，因消费开支无计划、过度消费最后陷入财务危机的例子俯拾皆是。经济环境变幻莫测，今天能挣钱不一定明天也能挣钱。风险来临时，老板不能随便关门了事，或者像员工一样另谋高就。他们要维持企业的发展就需要拿出平时积蓄的家底来应对。可假如是个大手大脚的老板，平时没有什么积蓄，遇到风吹草动，肯定关门大吉。

如果员工认为跟了一个大手大脚、舍得给员工"出血"的老板是自己的幸运，那就有些狭隘了。许多下岗职工的悲剧说明了什么？老板们不懂市场经济的经营思路固然是一方面，更主要的是因为老板打算不到，一味大方，造成了许多浪费，最终很多员工在青春年少时代就无事可做，早早下岗了。即便老板看着大方，让员工好吃好喝，员工虽然可以舒服一时，但是这样的老板没有把全部精力用在经营上，最终家产也会挥霍一空，员工还得重新找地方打工。由此看来，如果老板的吝啬是为了企业的长远发展计划，可以理解。

另外，员工之所以认为老板吝啬，是因为他们得到的多给予员工的少。

其实，员工不应该拿老板和自己比，这种比较不是对称的。老板的收益是一种资本的收益，而员工只是脑力和体力的付出，基本上没有什么投资风险。既然老板承担了风险，他当然拿得多。员工应该和同一起跑线的全体员工的收益比，这样才是对称的。

其实，老板们不但对员工"吝啬"，对自己也是如此。柳传志在创业时为了节省一块钱的公交费，宁肯迈开脚板去走几公里的路，还有许多老板在推销产品时，即便便宜的小饭馆也舍不得去吃，而是吃自己带的馒头加凉水。即便今天企业发展壮大了，老板们还是同样地"吝啬"。任正非因为下属给他安排宽大豪华的酒店休息，不是把他们大骂一通吗？而他们平时用宽大的办公室，出则高级轿车、宾馆等全部是为了应酬，为了企业的形象。对于这一点，员工们应该理解。

当然，如果老板在企业兴旺发达时对员工还是太苛刻，太不近人情，就不合适了。员工可以毫不犹疑地炒他的鱿鱼。因为这样的老板是自私自利、鼠目寸光的，这样的企业最终也不会发展大，因此还是与他分道扬镳的好。

老板为什么总板着脸

员工们对老板们不满意的另一原因就是认为老板们是冷血动物，冷酷、冷淡、冷漠等。老板只关心钱，不关心员工的冷暖困苦。员工在这样的团队中感受不到一点关心和温暖。员工和老板之间完全就是冷冰冰的金钱关系，工作起来也没有激情和动力。

的确，人是感情的动物，没有任何一种痛苦比让人忽视、感受不到温暖而带来的冷漠孤单孤独更深重。那么，老板为什么这样冷漠而非温情呢？难道他们天生就是冷血动物吗？

非也！老板之所以很难露出"开心的笑脸"有多种原因。让我们听听这位老板的理由吧：

"今天开会,我忍不住又大发了脾气,脸色肯定是铁青吓人。可是我的坏脾气也是某些员工给急出来的。每次我制定目标计划,他们都会找借口说没有办法完成。这年头,市场的竞争多激烈,我的风险和压力又怎么会轻,没有业绩,怎么给你们开支?因此,我的严厉只是为了公司能够持续盈利。

"我知道自己有很多毛病,比如脸色难看吓得你们每次讲话都小心翼翼,除此之外,我还不太喜欢听反对的声音,开会的时候也很没有耐心。那是因为你们总是互相推卸责任,说来说去,无非是困难和担心,叫我如何可以不生气?你们为什么不能和我同舟共济?

"你们要知道:家家都有本难念的经,几年前,我就得了肝病、胃病和心脏病,都怪我的肝病还未痊愈,一时肝火急攻,拒绝了你们发言的权利。"

瞧瞧,老板也是一肚子委屈要诉。

由这位老板的诉苦,不难看出,他们之所以火气大,脸色吓人有多方面原因。

企业面临的压力所致

在激烈的市场竞争下,特别是随着外企的抢滩登陆,我国企业和企业经营者所面临的挑战和竞争越来越激烈,老板们为了让企业求生存求发展,忙得晕头转向。如果正是企业面临压力的时刻,老板内心的沉重可想而知。虽然做领导的喜怒可以不行于色,可是为数众多的职工都要依靠企业生存,他们内心面临着这样大的压力不表现出来谈何容易?这就导致他们有时会忽略了对员工的问候和关心,忽略了员工的心理感受。

员工工作不到位所致

还有一种员工做事草率,得过且过,总等着上司、老板给他擦屁股。他们认为老板阅历丰富,经验丰富,不会做错,因此总是把棘手的事情推给老板,让老板最后拍板。在这种情况下,老板担心用严厉的言辞教育他们会伤害他们工作的热情,因此会通过拉下脸,用表情来给他们一定压力,让他们知道自己存在问题,反思自己,去解决问题。

员工的依赖心理所致

企业中不乏这样的员工：他们认为企业是老板的，老板忙是应该的，于是应该自己做的事情都留给老板。结果，老板忙东忙西、累死累活，他在旁边茶水一杯、报纸一张，悠哉悠哉。特别是那些依赖心理强的员工总是把老板当成长辈一样看待，认为他们就应该有义务关心自己。一旦得不到关心关爱，他们就心理失衡。面对这样的员工，老板怎么能有好脸色？

老板本身的性格所致

有些老板就是冷酷型的，性格上就不苟言笑，所以表现出来就是整天紧绷着一张脸，看见谁都没有笑脸。再加上压力过大，他们更是难得一笑了。

除此之外，有些老板总是板着脸也不排除以下这些原因：

老板有意识地磨炼员工所致

令有些员工不明白的是，有些时候，自己明明做出了一些成绩，取得了一些进步，可是老板依旧不见笑脸，一副高深莫测的样子，真令人捉摸不透。难道自己的工作他们还不满意吗？有可能是老板怕员工骄傲自满，有意识地给员工泼泼冷水，通过不苟言笑来让员工心中有所警惕，达到磨炼员工的目的。

老板的思维误区所致

有些老板认为关心员工、平易近人就降低了自己的身份，只有摆谱、与员工有距离感、陌生感，才能让员工对自己的权威有所敬畏眼。

有些老板认为自己和员工之间就是赤裸裸的金钱关系。在他们看来，只要员工做出了业绩，发给他们相应的报酬即可，其他方面不必在意。再者员工频繁跳槽，即便对员工付出更多关心，他跳槽了自己的关心也会付诸东流，因此干脆就只注重工作业绩，忽略其他。

如果是老板认识误区所致，这样的老板综合素质亟待提高，否则跟不上时代的发展。因为一个不关心下属冷暖的老板一定不是个好老板，一个不关心员工身心健康的企业一定不是一个负责任的企业。如果员工认为自己的老板冷酷冷漠，他们怎么能主动去关心企业、关心老板？在这样的老板带领下，员工只能成为自私自利、冷酷无情的员工。

如果老板是因为辛苦奔波忘记了对员工的关心，员工们需要体谅和理解，提醒老板，也可以多给老板一点关心。

可是，老板板脸如果是员工的依赖心理或者能力不强引起的，员工就需要反思自己。如果换位思考就会明白，虽然我们强调企业就像大家庭，可企业毕竟不能完全等同于家，上级没有义务总是帮助员工。生活是残酷的，员工没本领就无法立足，企业就无法发展。老板板着脸其实就是无声的拒绝。老板的这种无情就像老鹰把小鹰推向悬崖一样，是为了培养他们。因此，依赖心理强的员工需要明智一些，理智一些，认清自己和老板之间的关系，明白老板的用心。

另外，你还可以想一下，假如自己是老板，依赖心太强的员工总让自己东忙西忙，是否能承受住。这些问题如果能站在老板的立场上考虑一下就会明白。

如果老板是有意识地磨炼一些心高气傲的员工，有意识地对他们"冷酷"，老板那样做肯定有他们的理由。也许他们是担心表扬这些员工，员工会因此而翘尾巴。因为人在得意的时候往往会变得自大，暴露出人性中很多的缺点。如果是这种原因所致，老板这样对自己也是一种关爱，只不过关爱的形式不同而已。

如果是老板本身的性格所致，爱开玩笑的员工可以和他开个玩笑，提醒他适当时候"温柔"一些，露出他那"宝贵"的笑脸，让员工看到他可敬更可亲的一面。

总之，了解了老板之所以爱板着的原因才能对症下药。如果是员工的原因所致就想办法改。如果是老板自身的原因，就帮助他们走出管理的误区。老板也需要管理，管理老板也是爱护老板的表现。当老板感到了来自员工的关爱，他们会绽放出自己的笑脸的。

为什么老板爱折腾人？

员工对老板不满意的另一个方面是：老板总爱折腾人，不是要求严格就是管得太宽。

有一个医学院毕业的学生在一家私人经营的大医院实习。就在他休息的一天中，他负责的床位上来了四个新患者。这个学生对患者的情况一无所知。结果，一上班，院长来查房就开始问患者的情况，例如什么病症、是否严重等。结果当然他一概答不上来。他八点半上班，换上衣服交接班后患者的病历都没有来得及看。结果，院长大发脾气，严厉责备他说："你管的患者，情况一点也不了解，要是出了什么事情，这个责任你负得起吗？我请你来是干活的，不是让你休息的？"

那位学生冤枉得只想吐血。

在很多企业中，都有像这位院长一样的老板，不问缘由就对员工批评斥责，这个不对那个不行，折腾来折腾去的。员工在他们手下工作总是提心吊胆，小心翼翼。员工们不明白，为什么本来芝麻大的一点小事他们就上纲上线，把事情弄得十分严重。

其实，这是员工和老板看问题的角度不同而导致的。

如果员工站到老板的角度来考虑就会明白，老板并非无缘无故地找员工的麻烦。老板之所以这样爱折腾人首先是企业的服务性质所决定的。

企业是服务客户，要让客户满意就需要围着客户转，而不能让客户围着自己转。老板唯有严格要求员工在方方面面为客户提供满意的服务，才能提高客户的忠诚度。员工一丝一毫的疏忽都有可能摧毁企业的事业。至于一些事关人身安全的特殊行业，更是疏忽大意不得，老板更是小心翼翼。但是老板又不是三头六臂，凡事不可能自己都做，因此，他只好对员工严格要求了，否则员工的小疏忽会造成大损失，员工也会因此失掉工作。

可是，这一点员工不一定能体会到。目前企业中不乏那种"大爷"式的人物，特别是那些家庭条件较好的员工，他们在家是父母伺候着，不懂得怎样服务好客户。如果因为他们服务不到位得罪了客户，企业的利润从何而来？

另一方面，老板爱挑刺也是市场的无情所决定的。如果说在企业内部，老板对员工宽容一些的话，可是，市场会对企业宽容吗？有缺陷的产品市场会接受吗？一次的服务不到位客户能理解吗？不能，他们都会埋怨企业，抵制企业。失去了市场企业就无法生存，老板焉能不在各方面严格要求员工？不但严格要求，而且要超出市场和客户对员工的期待，客户才会满意。

老板爱折腾人也是他自身的管理职能所致。老板不仅要为自己负责，还要为整个公司的人员负责。可是，员工和老板相比本来就缺乏工作的主动性、积极性，再加上能力、经验参差不齐，如果员工工作出错，所有的责任却要由老板来承担。因此，老板唯有严厉严格要求员工，才能防止或者减少他们的失误。

不论以上何种原因所致，老板对员工高要求的折腾是因为他们心中有沉重的压力感，他们担心企业失去客户，失去市场，担心员工失去工作，因此才无时无刻不严格严厉要求员工。

其实，作为一个员工，如果遇到一个爱折腾的严厉型老板，并非都是坏事。严厉型老板多半对自己要求也很严格，要求别人做到的自己也一定能够做到，不会因为个人感情色彩而有失公正。只要你明白他们的苦衷，在他们的"折腾"下能够锻炼自己做事的条理性，提高办事效率。相反，如果遇到一个做事马虎，对一切都放任自流，没有责任心的老板，并不见得是好事，也许会在放任中浪费青春。因此，千万不要认为老板折腾人都是故意的，故意要和自己过不去。没有老板那么傻，会故意打击员工的积极性。

不可否认，老板的折腾有时也会找错地方，因为他们不可能对每个员工的情况都了解。在这种情况下，可以私下提出自己的意见让老板明白自己的情况。只要提意见的方式得当，老板都会接受的。

其实你不懂老板的心

不管员工对老板怎样不满意，抱怨他们吝啬也罢，爱折腾也罢，冷血动物也罢，但是，一个奇怪的现象是，当员工离开老板一段时间后，也许会发现原来老板并没有那么令人讨厌，心中也许还有几分留恋，几分感激。这是为什么？

小娟从学校毕业后实习期间在一家装修公司办公室做文员。当老板问会不会使用打印机时，她一口答应："会。"第二天，老板要发给客户一个宣传资料，让她打印。小娟刚打了第一页就傻眼了，打出来的图片非常模糊。她连想都没想就对老板说："这是谁设计的，他没有把亮度调好。"老板不太懂这些，只好让策划部门重新设计图片。

结果，策划部门向老板反映说："彩色打印需要先调一下亮度，否则和电脑上的效果不符。"老板听后认为小娟不称职，耽误了给客户发资料的时间，客户没有资料就无法施工，因此对小娟发了一顿火。

小娟哪里受过这种窝囊气，她认为小公司的老板就是没水平，一气之下辞职了。

过了不久，小娟在亲戚的公司做了经理助理。一天，当她遇到和自己同样工作态度的员工时，忽然想起老板曾经对自己的严厉。她一下子明白了老板的用心，甚至有些感激老板了。

也许有小娟这种认识的不止她一个，也许是因为跳出"庐山"，才看清了"庐山真面目"；也许是因为时间让我们曾经偏激的性格变得沉稳下来，能够重新思考老板对我们的态度。

其实，老板并非有意要与员工为敌，二者不是势不两立。他们更多的是通过工作给予员工指点，帮助他们成长，推动企业发展。他们内心的真实愿望是培养员工，让他们青出于蓝而胜于蓝，让企业这棵大树基业长青。

老板们认为，一个公司，只有员工和老板之间相互理解，上下一心，才能形成真正的凝聚力，才能真正建立和谐的企业组织。因此，老板呼吁员工理解老板，不要把老板看成势不两立的死对头，要和老板站到同一战壕中。对于管理员工，老板们也坦言，没有谁真的愿当"管家婆"。老板也是普通人，如此严厉为了谁？有些员工对工作马马虎虎，而非尽职尽责地将所做的工作做好，企业如何向市场交代？

在任何一个组织中，只有当全体成员牢记自我的职责，积极主动地行动起来，组织才能蒸蒸日上。因此，老板们都像父母期盼儿女早日独立一样，盼望员工们都能练就搏击蓝天的本领，展翅高飞。

关于薪金，老板们坦言，他们不是可恶的"周扒皮"。他们希望员工获得的薪水越多越好。可是这些薪水老板不会自掏腰包，员工的薪金是自己给自己开的。只要员工的工作得到了市场的认可、客户的认可，获得更大的市场份额，企业受益越大，老板高兴还来不及，自然愿意给员工提高工资，怎么会因为克扣工资来打击员工的积极性呢？因此，员工们要拥有与公司一起成长的态度，不能只盯着报酬，或者因为老板看上去吝啬稍不满意就冲动，一怒之下就甩手不干。如果一味盯着高薪，只为报酬而工作，忽略了成长的重要性，最终也拿不到高薪。

至于员工们抱怨老板缺乏对员工人性的关爱，老板们也作出了回答。在任何一个组织中，上下级之间缺少一定的交流与沟通，就难免产生隔阂，让员工觉得老板不关心自己、看重自己。

其实，老板都渴望下属与自己沟通。要和老板沟通，首先要信任老板。如果员工不信任老板，当然也就谈不上坦诚地沟通，因此，员工要改变自己的认识误区，不要把老板当成自己的对立面，处处事事防着老板。另外，正是因为老板时间紧任务重，和员工沟通的时间很少，才需要员工主动和老板沟通。即便员工对老板提意见也要站到老板的立场上考虑一下，如果总是以自我为中心就难以让人接受。

以上这些就是老板们的回答。

如果你对老板抱有怨言，那么就了解一下老板们的内心想法吧。倾听一下老板发自内心的声音，想必员工们会更理智地看待老板的一些所作所为，纠正自己的某些偏见吧。同时，也有利于上下级之间沟通顺畅，相互体谅，相处融洽，让企业向着和谐良好的方向发展。

老板也有人情味

在员工和老板相处中，在上下级关系中，很多员工认为老板就是管理自己的，因此，员工和老板之间也只是冷冰冰的正式的工作关系，工作以外的事情一律不谈，甚至工作也尽量少谈。

这样交流也就渐渐不存在，并演变成冷漠，没有谁会喜欢与身边人一直保持冷漠的尴尬处境。你不理睬老板，这对老板其实没什么影响，但老板不理你了，那么你的问题就大了。

其实，老板并非不食人间烟火，他们也有人情味。

在松下电器株式会社，一位年轻人正在埋头工作着。这时候，巡视工作的松下走到他面前停下来，无意中问道："年轻人，你会做肩部按摩吗？"

年轻人感到很吃惊：老板怎么不谈工作，居然谈这个问题？虽然感到这个问题和工作没有什么联系，但他还是诚实地回答："不会，先生。"

接着松下幸之助又问道："难道你从来没给父母做过肩部按摩吗？"

"没有。"年轻人看到老板有些惊讶的表情，感到有些窘迫。

松下幸之助看到了他的疑惑，进一步解释说："假设你和父母在一起干活，你年轻力壮，毫无问题。可是父母年纪大了，体力不支。这些，你考虑到了吗？假如上司和你的父母一样的年龄，需要你和上司同时赶一个任务连夜加班，那么，此时，你能够或者你愿意为他做一下按摩，让他放松一下吗？"

原来如此。年轻人很羞愧地低下了头。

在上面这个案例中，虽然松下幸之助想强调的是关心领导的重要性，目的在于引导员工学会体谅上司，真诚地关心他们，但是，松下没有开门见山地教育小伙子要学会关心体贴自己的上司，而是从引导小伙子关注体贴自己的父母开始，让小伙子明白，在家庭中要关心体贴父母，在企业中应该关心体贴上司。这种"给父母做肩部按摩"的方式从感情入手，从每个人最关心的家庭入手，相比起那些千篇一律的慰问、探望或者空洞的安慰之词来说，不是让人感觉很温暖吗？不是很具有人情味吗？

看起来很简单的这种说服方式为什么其他企业家就没有想到、没有做到呢？最根本的原因在于松下本人是很具有人文情怀的企业家，他不是简单地把员工看成冷冰冰的赚钱机器，而是从各方面都关心员工的成长。他选择优秀员工的标准也不是只看业绩，也要看员工的德行和他们的人文情怀。

如果我们注意一下就会发现，世界上很多优秀的企业家都是很富有人情味的人。杰克·韦尔奇曾经在员工生日的时候给他们家人打电话祝贺。即便在我们身边的企业中，也有一些老板和员工相处得十分亲密，对员工的照顾无微不至，就像兄弟姐妹一样。

那么，这种人情味究竟有什么作用呢？相比起那些冷冰冰的管理制度来说，可以大大增强员工对自己的喜爱度、认可度，从而可以增强企业的凝聚力和向心力。如果员工能够站在老板的角度想一想，就会明白这个道理。

小亮刚从农村来到县城的汽修厂打工时，他对老板对自己的严格要求很反感。老板不仅管工作，甚至连他们去小吃店吃饭的事都管。小亮不明白这是为什么。

年底回家后，父亲看到他带回来的一大摞钞票，高兴得合不拢嘴。可是，那些经常下馆子的伙伴却遭到了家人的埋怨，一年到头也没攒下多少钱。他才明白了老板的苦心。原来老板是担心自己在外面的花销太大，回家不好向父母交代啊！小亮突然改变了对老板的看法，他感到老板并非冷酷无情，原来很有人情味啊！

那么，既然老板是这样富有人情味的人，员工还有必要觉得老板高不可攀，像老鼠见猫一样处处躲着老板吗？还会觉得老板是冷冰冰的机器人吗？

其实，认为老板缺少人情味大多是员工的偏见和对老板缺乏了解所致。因为老板工作繁忙，更多的时候，他们考虑的是企业发展的宏观大计，因此常常会眉头紧皱。即便他们有轻松的时刻，由于身处位置关系也不可能与每位员工都时时谈笑风生。因此员工难免产生这样的印象。

如果老板没有时间表现出人情味来，员工可以主动一些，让老板能够像普通员工那样享受一些家庭的温暖，得到一些普通人应该有的关爱。

应该反思的是自己

老板折腾你，首先应该反思的是你自己。这样做并非因为我们"端了人家的饭碗，就要服人家所管"，而是我们在任何场合都应该做到的一种处世方法。

孟子认为，君子之所以不同于常人，在于君子能够进行自我反省。孟子认为：即使受到了他人不合情理的对待，君子也必定先躬身自省，自己问自己是否做到了"仁"的境界，是否欠缺了"礼"，如果不是自己错了为何别人会这样对待自己呢？

等到自我反省的结果是自己做到了仁义礼节，而对方强硬蛮横的态度仍然不变，那么君子又必须反问自己——我一定是还有做得不够真诚的地方。再反省的结果是自己没有不够真诚的地方，而对方的态度依然故我，君子这时才会感慨："他不过是一个荒诞的人罢了，这种人和禽兽又有什么差别呢？对于禽兽根本就不需要斤斤计较。"

孟子所倡导的"反省再反省"精神，非常值得我们在生活与工作中学习。具体到工作中，老板挑毛病来折腾你，你的第一个反应应该是寻找自己的错误，而不是诸如"我真倒霉"或"老板太过分了"之类的感慨与不平。

优秀的员工不会等到老板来了才进行自我反省，或等到工作出了纰漏才进行自我检讨。他们会主动出击，先走一步，通过定期的反省把自己的工作做得更加到位，同时也减少留给老板找碴的机会。这些优秀员工是如何进行主动的自我反省的呢？

1. 工作描述

若你不知道你需要做什么，你就不能评价你做得怎么样，就像在一支球队中，在还没有知道自己场上的位置、职责和目标之前，所有队员是不会离开更衣室的。一个清晰的工作描述应该包括：

非常明了自己的工作职责有哪些；如何才能将自己的工作任务按时保质完成；是否在工作中做到不越权，不多事；如果要将自己的工作发挥到极致，老板（或上级领导）是否会认为行得通……

2. 评价

你现在清楚了你要做什么，但是你做得究竟怎样呢？

定期地反省会帮助我们找出自己的优点和不足。它能够确保你清楚老板对自己的要求，还能确保老板了解并赞赏你的能力和成绩。这是一门为未来变得更好而必修的功课。

反省应该是定期的（可能的话，6个月1次）。

你需要考虑，过去6个月中你的工作哪部分是值得做的，为什么？哪部分有问题，为什么？哪部分需要进行培训？

你甚至可以邀请你的上司帮你检讨与反省。在这个过程中，你的态度一定要端正，以保证你的成绩得到公正对待，同时也虚心地接受有益的批评。

3. 设定目标

每隔3个月，你最好和老板一起设定目标，并考察一下以前的目标。

新的目标应当是符合实际的和可实现的，而且有一个计划好的完成日期。设定的目标应当有长期目标和短期目标之分。

进行目标设定：确定优先权；预见问题；减少浪费和误导的损失；确定个

人发展方向。

积极一些！若你要进步，就要为之付出努力。升迁不会自己找上门的，你要把握培训和发展的自主权——没有人会替你做这些的！你常常会听人们这样讲："唉，他的机会好"或者"就是运气"，但你却应该这样想："这是一个人努力的结果。"

从检查你目前的职位开始：

存在什么样的机会？去和你的老板谈话。一定要找出对你的制约因素是什么。

你充分利用你的技能了吗？

你如何才能扩充和发展这些技能？

从你现有的水平做起是十分重要的。你必须发展你的"工具袋"，用那些日后能帮助你升职的技能来填充它。在这个阶段，你要研究这样的问题：

你的职业目标是什么？

你如何才能达到这个目标？

试想把一架大型喷气式客机降落在一条没有灯光的跑道上——你有诀窍吗？稍微震动一下就会安全降落吗？

我们常常在工作中"摸黑"前进。只有你树立了"靶子"，才能够建立指引前进方向的目标。或许你得换跑道，可是至少要知道自己在朝什么方向走！

设定目标，能帮助你：

找到方向；

不断前进；

确定下一步的计划。

你既要设定短期目标，也要设定长期目标，假如你只设定长期目标，就容易半途而废。请你记住"千里之行始于足下"。

若想获得一个更高级的职位，你必须事先研究一下，接受合适的培训；若有必要的话，用自己的业余时间通过公司培训。

阅读公司的年度报告，你必须清楚公司的发展状况，可以加入一个内部项目组或企划组。

阅读与经营有关的杂志、贸易期刊、图书等，参加社会集会和典礼。

这些都是提升自我的好方法。

遭老板批评巧应对

身为下属，有时难免会招来老板或上司的批评：自己做了错事、做事没到位、被误会、代人受过……甚至老板心情不好或者他不欣赏你，都可以让你尝到批评的滋味。

不管你挨的批评是哪种原因，你在面对老板的批评时，都要注意以下几点。

1. 让老板把话说完

在老板批评你的时候不要打岔，静静地听他把话说完，尤其要注意自己的动作、表情，不要让他感觉到你不愿意继续听下去。正确的做法应该是直视他的目光，身体稍微前倾，表明你在很认真地听取他的批评，等对方把话说完后再进行解释，或提出反对意见。

2. 肯定老板的善意

不管老板的批评是否有理，你首先在口头上要肯定他的善意。你的态度会让他感到欣慰，从而他的态度也会渐渐缓和下来。就算老板另有动机，你表现出来的礼貌和涵养也会让他情绪缓和。不要暗示对方，认为他对你的批评是基于某种企图，这样，在你们之间会产生更深的隔阂。因为，即使老板确实出于某种动机，也有权利对你的某些行为提出异议。

3. 让老板把批评你的理由说清楚

你应积极地促使老板说出他的理由，这种方法有利于你了解真相，从而找到解决问题的方法。有些老板在提出批评时，不能做到就事论事，而是用一些含糊其词的言语，这时让他把要说的话彻底说完，这样对方在说话过程中自然而然会流露出他真实的想法，你也因此能捕捉到事情的缘由。采用认真、低调、冷静的方法对待老板的批评，不会损害你们之间的关系。

4. 不要顶撞

老板批评你肯定有基于他立场的道理，聪明的员工会利用诚恳、虚心接受批评的机会体现对老板的尊重。即使是错误的批评，处理得好，坏事也会变成好事，老板认为"此人虚心"，可能会对你留下更好的印象；而如果你乱发牢骚，虽然一时痛快，但你和老板的关系就会恶化，他会认为你"浑身是刺"，因此也就得出了另一种结论"这人重用不得"。

至于当面顶撞老板则更不可取。不仅使老板很失面子，你自己也可能下不了台。如果你能在老板发火的时候给他个面子，大度一点儿，事后老板或许会感到不好意思，即使不向你当面道歉，以后也可能会以其他方式给你补偿。

5. 不要强调过多理由

受批评、挨训斥，不是受到某种正式的处分，所以你大可不必急急申辩。挨批评只是对你在别人心里的印象有些损害，但如果你处理得好，老板会产生歉疚之情、感激之情，你不仅会得到补偿，甚至会收到更有利的效果，这与你面子上的损失一比，哪头轻哪头重，显然是不言自明的。而你要是反复纠缠，寸理不让，非把事情搞个水落石出，老板会认为你气量狭窄，斤斤计较，怎能委你以重任呢？

6. 用行动来表明接受批评

老板批评你时，你一副服服帖帖，诚恳虚心接受的样子。这固然不错，但若你把他的批评当成了"耳旁风"，依然我行我素，那就最令老板生气了。

其实，老板也不是随便出言批评你的，所以你应诚恳地接受批评，要从批评中悟出道理，贯彻到行动当中。

当然，也不应把批评看得太重，觉得自己挨了批评前途就泡汤了，工作打不起精神,这样最让老板瞧不起。把批评看得太重,以至于当成一种心理负担,老板会认为你的心胸与气度太小,他可能会对你少一些折腾、少一些指责,但他也不会再器重你了。

不要生气,要争气

一个人生气,大抵是受了自认为不公平的待遇,挨老板错骂,被恋人背叛……凡此种种,皆似乎不是你的错。人在职场,被老板小题大做或错怪了一顿,这样的情况尽管不多,但也是客观存在的。如果你的确感到了不公平,请尽量做到不生气。

有位智者曾说:生气是拿别人的错误来惩罚自己。你为什么要拿别人的错误来惩罚自己,让自己受到第二次伤害呢?

不过,人非草木,总有七情六欲,遇上老板莫名其妙的为难,被折腾者在情绪上多少会有波动。如果你实在控制不住自己的情绪,那么不妨换个角度:变生气为争气。"生气"与"争气"虽然只是一字之差,态度却是大不相同:生气是做人的失败,争气是做事的成功。

仅仅只是不生气,还不是一种积极的态度;化生气为争气,才是最可取的应对之道。再努力一点,做得更优秀一点,等你成为老板不可或缺的臂膀,他不光会减少错骂你的次数,甚至正常的批评也许都会斟字酌句。他会不忍心折腾你,或"不敢"折腾你。

在读小学时,我们学过一篇课文:《一定要争气》。文章讲述的是著名科学家童第周的故事。童第周28岁那年,他到比利时去留学,跟一位在欧洲很有名气的生物学教授学习,一起学习的还有别的国家的学生。由于旧中国贫穷落后,在世界上没有地位,外国学生非常瞧不起中国学生,经常讥笑与蔑视童第周。童第周暗暗下了决心:一定要为中国人争气。

几年来,童第周的教授一直在做一项难度很大的实验,但做了几年也没有成功。童第周不声不响地刻苦钻研，反复实践，终于成功了。那位教授兴奋地说："童第周真行！"这件事震动了欧洲的生物学界，也为中国人争了气。

人人生而平等，为什么你外国人要瞧不起我中国人？童第周要生气还似乎真的有生气的理由。但光生气有什么用？生气仅仅是一种情绪化的表现而已，仅仅停留在口头或拳头上。但争气是一种实实在在的行动反击。争气不是说有就有的，要靠努力才可以实现。争气值得喝彩，争气值得鼓励，争气值得学习。总之，生气是一种消极的发泄，争气是一种积极的作为。

同样一句话，有的人会因为这句话而受到激励，然后奋发向上，成就一生，这就是争气。这样的例子真是太多了。而有的人却因为这句话受到刺激，怒发冲冠，从而坏了正事。人要争气，不可以生气。人有七情六欲，难免会有喜怒哀乐，忍一时海阔天空；人生起伏高低，难免有高潮低潮，争口气则时运济济。自己要争一口气，千万不要生闷气！

想一想：如果我们自己足够优秀，老板还会对你冷眼嘲讽、横加指责吗？所以，碰上爱折腾的老板时，不要过多地去计较谁是谁非，最好的应对办法就是自己争气，去做得更好，在人格上、在知识上、在智慧上、在实力上使自己加倍成长，变得更加强大，许多问题自然迎刃而解。这才是一个明智的应对折腾之道。

第二章

老板的辛苦你要知道

走在大街上,你如果随便问一个人:"你想当老板吗?"几乎每个人的回答都是:"太想了。如果有机会,我一定要当老板。"这是为什么呢?

因为,在人们看来,当老板何等风光啊!当老板自由,不用看别人的脸色,不用受别人的气。至于当大老板更是让人羡慕,可以开名车,住豪宅,上电视,做演讲,还有数不清的人环绕。

是这样吗?你看到老板在为这一切打拼的过程中付出的代价了吗?你看到老板在夜深人静,员工都安然睡去的时候,他们还要为企业的发展绞尽脑汁辗转反侧吗?你看到老板忍受着身心的折磨,不能趴下,强打精神站直的时候吗?其实,老板的辛苦你不知道。要当老板,首先需要付出比员工多十倍甚至几十倍的努力去工作。同时还要有度量、气量,容客户、容员工、容社会上他人的偏见。如果你认为当老板轻松无比,那就看一下他们不为人知的另一面吧。

老板是世界上最苦、最累、最孤独的人

如果说老板们最苦、最累,员工肯定不认同。谁不知道干活的是员工,怎么老板会最苦、最累呢?那就让我们看一下老板们是否最苦最累。

大雁的阵列飞行数据显示,大雁团队的第一只大雁无任何外力可借,而后面的可以借着气流节省72%的气力。同样,老板作为领头的大雁,需要付出更多的精力和时间。

一位从打工者变成老板的女士坦言,自己原来是打工族,虽然工资不高,但也够开销,而且所有的假期按国家的要求放,生活很有规律。后来她结婚后嫁给做生意的丈夫,自己也顺理成章当上"捡来的老板"。当时,不知有多

少人羡慕。可她却感觉自从做了老板以后，一年当中不知老了多少岁。每天晚上都要忙到一点多才休息，如果客户要得急，就要通宵加班，病了也只能在店里趴着休息一下，因为店铺不能关门。放假时，工人都去玩，自己还要值班，巡视一下有没有什么遗漏的事项，有没有什么安全隐患。最悲惨的是，回到家还要想着公司的事情，哪像上班回家后就可以把工作抛到九霄云外。

她说，当老板那种累真不是打工族可以想象的。虽然能挣到一些钱，可是那种累真令人不堪回首。不单身体累，心里也很累。特别是创业期，老板们从商经验不足，资金少，企业规模小，多半也是小打小闹，老板更需要身兼多职，既是老板又是打工者，起早贪黑地干。由此看来，当老板要付出的辛苦确实是员工不能比的。

一位员工曾经对经理说："你没有事的时候也带夫人孩子去公园逛逛啊！"经理回答说："没有时间。你们加班，我在；你们不加班，我还在。"很难让人相信，这位经理的女儿两岁了，他居然从来没有带她出去玩过。

最可怜的是，老板最苦最累还要"打肿脸充胖子"装坚强。生产经营的过程中就算有千万种困难，他们都必须去解决，毫无退路，再苦再累，也要坚持下去。因为老板就是领头雁，一举一动，都看在众人的眼里。如果老板先倒下，员工哪还有坚持下去的信念。

即便老板们承担着这样的压力也不能对他人言说，甚至是自己的亲人，因为别人未必能理解。一位企业家总是半夜一个人来到客厅，把电视打开，音量开到很小，自己盯着电视发呆。因为他需要考虑太多的事情，导致睡不着。父亲看见他这种反常的举动很不理解。可是公司怎么发展，父亲也帮不上忙，他也不能和父亲商量啊？在这种情况下，老板无人倾诉，内心能不孤单吗？

也许有人会说，那些大老板不必像小老板这样苦和累。大企业老板也会心累，不会比小老板轻松多少。等到事业走上轨道之后，大老板们依然是寝食不安，上要考虑国家政策，下要对员工每月工资按时发放，中间还要对客户笑脸相迎。有太多的事情需要去操心，太多的应酬需要对付。然而，尽管如此辛劳，还仍然得不到人们的理解与支持。由于和家人在一起的时间少，缺少沟通，难免产生误会和矛盾，甚至兄弟姐妹、朋友之间由于利益的纷争反目成仇，最后闹得不欢而散。老板能不为此大伤脑筋吗？

后院起火，前面也不安定。一不小心，网上就会有"水军"围攻拦截。老板成了众人关注的焦点，不能随便出外，不能随意做事情，一举一动都要考虑到企业的形象。自己都无法为自己的生活做主。老板承受的压力可想而知。可是，有了烦恼，不能和家人说，不能和朋友说，更不能和下属说，难道不是高处不胜寒吗？

明白了这些之后，你还认为当老板是轻松无比的吗？

因此，如果你看到老板享受着比员工舒适的生活时，请不要忘记他们在为争取这一切的过程中所付出的代价。如果你也希望自己过上老板一样高质量的生活，请想一下，自己能否付出如此的代价。如果不能，还是心平气和地当员工吧。

老板承受的压力你无法想象

当老板不只是需要能吃苦还要有良好的心理素质，还要能承受一般人无法承受的压力。但是这些道理员工们往往不知道，也不了解。他们只看到老板轻松快乐、坚强无比的一面，没有看到他们承受着怎样巨大的压力，更没有看到他们在无法承受压力时是怎样的脆弱。

在员工看来，老板有什么压力呢？不像员工有计件计时的工作任务压在肩上，更不用担心绩效考核不及格被辞职。老板只需动动嘴，管理好工人不就可以了吗？

其实，老板也承受着很多压力，这些压力都是以脑力劳动、费心费神的形式来表现，无法计件计时，因此员工们也难以看到。

老板的压力首先来自为企业发展考虑。员工作为打工者，只要每天完成自己的工作，按月领取薪水即可，不用考虑什么企业发展大计。可是，老板却不同。企业是老板的全部希望，他靠企业来改变自己的命运，靠企业实现梦想，靠企业来给家人提供舒适的生活。因为是身家性命所在，老板每时每刻都要为企业的发展考虑，特别是在企业不景气时老板承受的压力更大。他们要考虑怎样跑来业务维持给工人开工资，维持企业的正常运转，维持家人的基本生活保障。

等到企业发展顺利了，同样还要承受一种压力，承受别人眼红而带来的误解和讽刺打击等这些压力。等到企业做大了也会有树大招风带来的压力。别人用高标准严要求来衡量你，有一点达不到便会招致莫名的烦恼。

另外，老板还要忍受团队内部的压力。比如说，在公司内部，某些员工将自己不能获得提升的原因归咎于老板的不公平，因此故意和老板作对找碴。来自员工的压力如果不解决好，员工就会撂挑子，让企业正常的工作中断。老板怎能不小心翼翼，伺候好员工？

老板最大的压力是市场的竞争加剧和自身素质所限，力不从心的压力。

如果说在创业期，没有那么多钱，也没有那么多人可管，老板不需要懂得什么经营管理的知识，可是随着企业规模的扩大，市场也慢慢摆脱了盲目竞争的无序状态，他们会发现自己玩不转了。

随着市场进入以消费者为主的时代，随着国外资金的引入，外资企业的抢滩登陆，众多企业雨后春笋一样冒出，企业要面临更多的竞争，更多的压力，对老板们的综合素质也提出了挑战。此时的老板一方面需要稳定内部员工的不满情绪，避免员工跳槽，另一方面，还需要懂得投资、融资、上市、连锁加盟等方面的知识。这时候的老板需要转型，从单纯只懂生产制造加工向知识型、综合管理型老板转变。如果老板只是纯粹的"生意人"，没有全球化的视野和眼光，沿袭以前单纯的赚钱模式肯定行不通。因为此时的企业已经不仅仅是一个赚钱的工具，同时也是先进的管理理念和企业文化的载体。因此，老板们也需要完成从蛹化蝶的转变。单是这个从蛹化蝶的自我转变、自我升华对老板来说就很难做到。但是他们又必须做到，因为这是企业发展的需要。这时候的老板是自我加压。如果没有良好的心理素质，没有较强的心理承受能力，就会放弃了。因此，很多本该发展壮大的企业因为企业家自己无法完成自我转变，过不了这个槛从而销声匿迹、一蹶不振了。

也有些老板会发出无奈的叹息：力不从心啊！谁能帮我管理好公司？他们担心企业因为自己管理不善，多年心血付之东流，其面临的压力岂是员工能够想象的？

至于大环境的变化给老板带来的压力更是让他们不堪承受。外部环境不是老板们可以预测到的，更不是他们可以驾驭的。当大环境不利，企业突遭变故时，老板们甚至会像伍子胥过昭关一样一夜白了头。

2008年金融危机袭来时，大批的企业相继倒下。据报道，很多企业老板由于受不了失败的打击，接受不了一夜之间从天堂到地狱的心理落差，纷纷选择人间蒸发或跳楼自杀。

还有很多老板奋斗了多年，为了企业，几乎付出了全部，等到公司有起色了，可是自己健康状况恶化，却来不及享受这一切了。

看到这些令人揪心的现象，我们难道会认为，当老板是很轻松的事情吗？

其实老板不好当，他们要承受来自客户、来自公司、来自社会、来自家人的方方面面大的压力，这些都随时随地在影响老板的情绪。

我们今天看到的那些成功的老板，风光无限的老板，能够基业长青的老板，都是具有较强的心理承受能力的。今天能够生存并且得以发展的企业都是老板们用智力、体能、勤劳、坚韧铸就，成就了企业的辉煌，他们为员工、为社会、为国家作出了巨大的贡献。

对老板多一些普通人的关怀

有些员工总感觉老板高高在上，威严无比，高不可攀，因此对他们敬而远之，只有距离没有亲切感。

其实，老板不是不食人间烟火的神仙，他们也不是任何时候都压不垮打不烂的变形金刚。他们也是普通人，也有普通人的烦恼、欢乐和情怀，也有普通人心理脆弱的一面。因此，他们也希望和员工相处能够像普通人一样，当自己忧愁时可以倾诉，当自己快乐时有人分享，当自己劳累时有人关心，当自己工作紧张时也希望与下属愉快的谈话能够让自己放松一些，而不是下属像老鼠见了猫一样溜之大吉。那样，他们才会感到高处不胜寒的孤单。

可是老板因为事务繁忙，再从所处位置和自身权威考虑，毕竟不可能把自己的这些情感在下属面前完全显露，他们和下属还要保持一定的心理上的距离感。此时，就需要下属主动一些，了解老板的这些内心期盼。比如，老板紧张的工作之余，你可以和老板随意地谈天说地，让他们放松一下。其中，和老板谈一下他们的兴趣爱好也是调剂紧张的神经，给他们的生活加点轻松"调料"的一种方式。如果老板喜欢旅游，你就说全国著名的名山大川；如果老板喜爱美食，你就谈南北东西各大菜系；如果老板喜欢球类运动，不妨跟他聊聊NBA、世界杯；如果老板喜欢汽车，不妨跟他聊聊汽车保养、开车经验；如果老板对股市感兴趣，不妨跟他聊聊股市行情……不论在公司餐厅还是在电梯遇见，都可以随便聊几句。另外，这样也可以加深老板对自己的了解，保证上下级的合作愉快。

当老板遇到忧愁和烦恼时，下属应该主动为他们解忧。一般来说，人在最脆弱的时候都需要有人来安慰和关心他。心理学家认为，关心能打破沟通的障碍，消除彼此的防范思想，赢得对方的真心相待。只有关心和体贴能让对方感到温暖和温馨，使彼此之间的感情更进一步。因此，对待老板应该尽可能多给他们一些普通人应有的人性的关爱，让他们感到温暖一些。

也许有些员工认为，老板作为至高无上的上级，关心下级、帮助下级是应该的，自己作为下级反而要关心老板这个最大的上级，岂不是关系颠倒了吗？我们都知道，团队就是一个大家庭，老板也是大家庭中的一员。如果是在自己的家庭中，你能坐视自己的父母兄弟姐妹有忧愁和烦恼而不分担吗？如果那样才是冷血动物的表现。因此，对老板的关心也是团队每一个成员的义务和责任。

比如，老板忧愁和烦恼的时候，做下属的应当主动设法了解他们的内心，给他们以关心和问候。如果你发现老板情绪低沉，可以试探着以随意问话的方式，让他们说出真正苦恼的原因；如果老板心事重重不回答，此时安慰的话不宜多说，只需小心照顾就行。在老板向你倾吐苦水的时候，如果你没有合适的言辞来安慰，最好的方式就是倾听。再根据老板向你倾吐苦水的内容进行处理。如果老板说："唉！我太太突然病倒了！"员工要表现出关切："什么？您太太生病了！现在怎么样？"或者"别担心，您太太一定会好起来的，您抽不出时间的话，我这些天有空，先代您去照顾她。"或者"您尽管去照顾，单位有什么事我们先照应着。"

如果老板因为工作繁忙而劳累过度，下属也要及时表现出对老板的关心。因为老板日夜操劳不仅仅是为他自己，也是为了整个企业，为了让员工的生活得到提高和改善。此时对老板的关心也是做下属通情达理的表现。

刘娟是名牌大学的高才生，但是因为毕业时就业形势很严峻，最终她来到一家私企，给没有多少文化的老板当秘书。刚开始，刘娟认为，这些没文化的老板懂什么，不就是父母给了他们一些资本吗？因此，她一心想找机会离开。老板对她也不太看好。可是后来，刘娟的这种观念竟然发生了转变。

半年时间里，刘娟目睹了当老板的不易。公司要上一种新产品时，老板日日夜夜都泡在厂里，从来没有按时吃过一顿热乎的饭菜。一次，外商来洽谈订货事宜，老板没顾上换衣服就直奔宾馆，裤子和皮鞋上都是试验产品的斑点。

刘娟看到这些，明白自己误会了老板。她想，这样下去老板的身体会吃不消的，于是便萌发了帮老板一把的念头。可是自己不懂技术，不懂业务，怎么帮？

一次，老板因为没有休息好，胃口不好，精神倦怠。刘娟从电视上看到参片可以补养身体后，就到药店去买了一些，每次在老板的白开水中加几片，起到提神醒脑的作用。

几天后，当老板的精神体力恢复过来后，很感激刘娟的细心体贴。老板的家人也对刘娟充满感激。

刘娟没想到，自己一个微不足道的行动就让老板万分感动，而且还改变了老板原来对自己的看法。

可见，下属对老板的关心和问候比任何贵重的礼物都宝贵，哪怕只有一点老板也会感动和满足。

这是为什么呢？对老板来说，下属的这些举动是对企业的一种认可，也是员工成熟和成长的表现。老板们就像看到自己精心培植的小树终于开花结果一样，对此，怎能不感到无比欣慰呢？

明白了这一切，难道不应该对老板多一些普通人应有的关爱吗？

对老板多一些宽容和同情

有些员工特别是一些涉世不深或者对老板万分崇拜的员工，总是把老板幻想成超人一般，把他们当成绝对正确、完美无缺的人，不允许他们存在缺陷，也不容许他失误或者发生错误。

老板和普通员工相比固然有很多优秀之处，可是，如果这样看待老板、要求老板，要求他们事事公平、时时完美无缺，就有些偏激和过分了。

其实，老板们之所以成为老板，并不是因为完美无缺，而是因为他们具备一些普通员工不具备的天赋、才能、意志和能力等，但归根结底也是普通人。既然老板也是普通人，他们肯定也会有自己的缺陷。因此，员工需要用对待普通人的态度来对待老板，没必要对他们太挑剔，对他们也应该多一些宽容和同情。

要宽容老板，首先要理解老板，站在老板的立场上思考，设身处地为老板考虑。

小琳在一家私企工作，人很聪明能干，颇得老板赏识。小琳对老板也很崇拜，在她的眼里，老板简直是无所不能、完美无缺的化身。

可是，一次小琳和老板的一位长辈在进货时由于缺乏专业知识把规格搞错了。但是，老板无法责怪自己的长辈，于是便对小琳有所抱怨。小琳没想到自己眼中一向无所畏惧的"英雄老板"居然这样不公平，竟然向自己的长辈屈服。她一怒之下和老板大吵一顿，之后就辞职了。

老板痛惜而又无奈地说："怎么这种脾气？说都说不得！"

事实上，对于老板来说，并非没有意识到人才的重要性，并非不清楚安排这些"皇亲国戚"的利弊。可是他们也有难言之隐啊！毕竟这些人和他有亲戚关系，而且创业时也是他们起了关键作用。

因此，员工对于老板的这些苦衷要理解。试想我们能够原谅一个陌生人的过失，为什么却对自己的老板耿耿于怀，不能宽容他们呢？为什么彼此之间不能学会设身处地地为对方考虑一下呢？

抱怨自己怀才不遇的员工不要把矛头对准老板或者其他"皇亲国戚"，并非他们影响你的发展。正是因为他们搭起了企业这个舞台，你才可以大展身手。如果因一点小事而导致矛盾进一步激化，反目成仇、你留我走，最终还是员工的利益受损失。因为企业是老板的，老板不用为找工作而奔忙。如果员工不理解这些，无法宽容老板的过错，真正分手的时候老板也是感觉很痛苦的，因为这些员工都是老板们亲手培养出来的。

由此看来，学会设身处地地思考问题是多么重要。只要改变一下看待问题的方式，换一个角度来思考问题，我们就会发现也许不是老板不能慧眼识珠，也许是自己对他们理解太少。试想一下如果自己错怪了别人，别人对自己紧抓不放时会是什么感觉呢？如此考虑时，我们对老板的怨气也许就能平息一些，对老板就会多一些宽容和同情。

宽容对方也是尊重对方的表现。即便老板有自己的一些缺点，他们是上司，下属也应该在尊重他们的基础上宽容他们并且帮助他们改正，这才是最主要的。分道扬镳并不能解决任何问题。

同情和宽容还是一种美德。当你试着待人如己、多替老板着想时，你身上就会散发出一种善意，也许自己身上过于挑剔、苛求完美的习惯会得到改变。而且这种美德还会影响和感染包括老板在内的周围的人，进而推动整个工作环境的改善。那样的话，不仅和老板相处和谐，和其他人也会和谐相处。否则的话，不改变自己，只是重新换一个环境，恐怕无法解决问题。

总之，当我们开始用尊重和赞美的眼光来看待世界时，我们的生活就开始变得越来越美好。总有一天，这种善意会回馈到自己身上。如果今天你从老板那里得到一份同情和理解，很可能就是以前你在与人相处时遵守这条黄金定律所产生的连锁反应。

对老板要有一颗感激的心

提到感激老板，很多人会感到不可思议：我拿的工资是劳动付出的，而且报酬和付出也不成正比，凭什么感激老板，恨他们还来不及呢？

老板固然有剥削员工的一面，可是难道他们没有给予你相应的指导和帮助吗？没有给予你一定的关心和体贴吗？

人们常说，要取得成功，需要贵人相助。这个贵人，很多时候就是自己的顶头上司或者老板。从管理者的职能来说，老板担负着教育员工、帮助员工的责任。特别是刚踏入工作岗位的新员工，如果没有老板及时的指导和帮助，是很难胜任工作的，没有老板在人生的道路上给予及时的帮助，很难成长起来。更不用说，老板在指导员工过程中也会比任何人都更有责任心，更细致周到。因为企业是老板的，他们对员工常常是言传身教，倾囊相授，不会像其他人隐瞒一手。老板们在企业打拼中积累下来的经验不是员工的父母也不是任何一个亲朋好友可以传授的。而且，即便老板批评自己也是关心自己的一种表现形式，也是为了让员工改正错误，取得进步。如果员工能够占到老板的角度去换位思考，就会明白老板的一片苦心。

遇到这样的贵人，在他们无私的点拨和提携下，自己也会快速成长起来。对此，我们怎能不心怀感激呢？

梅梅父亲的好朋友是开公司的，因此，担心女儿受苦的父亲拉下老脸去求朋友，让梅梅到朋友的公司去做办公室的工作。

这家公司虽然规模不大，可是产品却很复杂，从机械类的轴承、汽车配件到化工产品甚至纺织产品，五花八门，什么热门就经营什么，真可谓一个大杂店。

梅梅虽然是在办公室工作，可是还要协助盘库。每到月底，梅梅就忙得四脚朝天。单是轴承的型号就让她晕头转向。梅梅也逐渐对自己的未来失去了信心，一天到晚提不起精神。

这时，老板给了梅梅及时的帮助。他看出了梅梅的消极情绪，对他说："你是大学毕业，应付这点东西肯定没问题。我都初中毕业，现在闭着眼睛一摸就能知道轴承的型号了。你担心什么？只要你肯学，我保准你能干好。"老板的话鼓励给了梅梅。从那天起，老板一有时间就一个个教她记轴承型号的窍门。工作中没有那么多充裕的时间，老板就在晚上加班指点梅梅。梅梅没想到用这种办法居然不到十天就把那些难记的型号全部搞明白了。

就这样，梅梅在对前途迷茫时，得到职场恩师的鼓励和帮助，在工作中站住了脚。

后来，老板要去外地发展新公司，梅梅为表达自己的谢意，特意要在饭店请老板吃饭。老板没有答应，梅梅就买了些礼物给老板。梅梅真诚地说："当时如果没有您及时的帮助，对我的打击就太大了。谢谢您，老板！"老板满脸真诚地说："其实，我帮助你也是为了给自己打气，看看我们这个小企业能不能留住一个大城市的毕业生。"

原来如此，梅梅和老板都笑了。

以后梅梅正式接替了库管的工作，虽然身兼两职，但她并没有感到很吃力。老板得知后也对她另眼相看了。

其实仔细想一想，每位员工在自己成长的过程中都或多或少地得到过老板的指点和帮助。随着时间的流逝，人生阅历的增多，你就会感到这些关心都是十分宝贵的。在社会中，没有人关心你甚至连批评也没有的时候，才是最可悲的。因此，对于老板对自己的关怀，员工们难道不应该用加倍努力工作来报答，用优秀的业绩来感恩吗？

当然，与溜须拍马不同，对老板的尊重和感激是发自内心的、不求回报的。因此，这种感恩是一种深刻的感受，施与受两者都会感到一种心灵的感动和满足。这些比任何物质的礼物都更可贵。

第三章
你是在为谁工作

第三篇

储存与运输

一个简单的问题：你在为谁工作？

答案也许是五花八门：有人认为自己是为了薪水而工作，有人认为自己是为了老板而工作……不同的答案，反映的是不同的职业价值观，而不同的职业价值观支配下的工作面貌大有不同。

当你毫无工作激情、得过且过时，当你推诿责任、心生怨恨时，不妨自己问一问自己：你在为谁工作？

为薪水而工作吗

你是为什么而工作呢？是为了换取薪水以养家糊口吗？

人生活在世界上，当然离不开钱。因此，我们人人都需要工作，尽管工作的内容有所不同。但人工作不能仅仅为了薪水，这就像人活着不能只为了钱一样。

一个只是为了薪水而工作的人，在工作面前是被动的、消极的。"给我多少薪水，就干多少活""不是自己分内事情一律不干"……表面看来，这些"精明人"没有吃亏，但长远来看，他们却损失"惨重"：他们逃避工作、推卸责任，整天为眼前的薪水伤脑筋，却忘记了在薪水背后深藏的更为珍贵的东西。工作给予了他锻炼、成长的机会，工作提升了他的能力，工作丰富了他的经验，所有这一切都是他将来提高薪水和提高职位的根本基础。

确实，从短期的目标来看，工作是为了生计。但这只是前进路上保障你衣食无忧的基本条件，而这种需求是最低级、最容易得到满足的，人最高层次的目标是实现自我的价值，这也是人的一生竭力追求的终极目标。

其实，无论薪水高低，工作中尽心尽力、积极进取，能使自己得到内心的平安，这往往是事业成功者与失败者之间的不同之处。工作过分轻松随意的人，无论从事什么领域的工作都不可能获得真正的成功。将工作仅仅当作赚钱谋生的手段，这样的人其实是很短视的。

在活得很现实的人看来，我为公司干活，公司付我一份报酬，等价交换，仅此而已。他们看不到工资以外的价值，没有了信心，没有了热情，工作时总是采取一种应付的态度，宁愿少说一句话，少写一页报告，少走一段路，少干一个小时的活……他们只想对得起自己目前的薪水，从未想过是否对得起自己将来的薪水，甚至是将来的前途。

某公司有一位员工，在公司已经工作了10年，薪水却不见涨。有一天，他终于忍不住内心的不平，当面向老板诉苦。老板说："你虽然在公司待了10年，但你的工作经验却不到1年，能力也只是新手的水平。"

也许，这个老板对这名员工的判断有失准确和公正，但我相信，在当今这个日益开放的年代，这名员工能够忍受10年的低薪和持续的内心郁闷而没有跳槽到其他公司，足以说明他的能力的确没有得到更多公司的认可，或者换句话说，他的现任老板对他的评价基本上是客观的。

这就是只为薪水而工作的结果！

大多数人因为不满足于自己目前的薪水，而将比薪水更重要的东西也丢弃了，到头来连本应得到的薪水都没有得到。这就是只为薪水而工作的可悲之处。

不要担心自己的努力会被忽视。应该相信大多数的老板是有判断力和明智的。为了最大限度地实现公司的利益，他们会尽力按照工作业绩和努力程度来晋升积极进取的员工，那些在工作中能尽职尽责、坚持不懈的人，终会有获得晋升的一天，薪水自然会随之高涨。

能力比金钱重要万倍，因为它不会遗失也不会被偷。许多成功人士的一生跌宕起伏，有攀上顶峰的兴奋，也有坠落谷底的失意，但最终能重返事业的巅峰，俯瞰人生，原因何在？就是因为有一种东西永远伴随着他们，那就是能力。他们所拥有的能力，无论是创造能力、决策能力还是敏锐的洞察力，绝非一开始就拥有，也不是一蹴而就，而是在长期工作中积累和学习得到的。

你的老板可以控制你的工资，可是他却无法遮住你的眼睛，捂上你的耳朵，阻止你去思考、去学习。换句话说，他无法阻止你为将来所做的努力，也无法剥夺你因此而得到的回报。

许多员工总是在为自己的懒惰和无知寻找理由。有的说老板对他们的能力和成果视而不见，有的会说老板太吝啬，付出再多也得不到相应的回报……

一个人如果总是为自己到底能拿多少薪水而大伤脑筋的话，他又怎么能看到薪水背后的成长机会呢？他又怎么能体会到从工作中获得的技能和经验，对自己的未来将会产生多大的影响呢？

为老板而工作吗

曾在报纸上看到一位企业家的感慨，说现在的年轻人敬业精神不如以往，工作漫不经心，犯了错也说不得，要求多了便一走了之……

我们常常看到，不少年轻人只有才华，没有责任心。老板一转身就懈怠下来，没有监督就没有好好工作。工作推诿塞责，划地自封，不自我省思，而以种种借口来遮掩自己缺乏责任心。懒散、消极、怀疑、抱怨……种种职业病如同瘟疫一样在企业中流行，无论付出多么大的努力都挥之不去。

"我不过是在帮老板打工而已"——这种想法有很强的代表性，在许多人看来，工作只是一种简单的雇佣关系，做多做少、做好做坏对自己意义不大。这种想法是完全错误的。

实际上，无论你在工作中处于什么样的位置，无论你从事什么样的职业，你都不该把自己仅仅当成一个打工者。生活中那些成功的人从不这样想，他们往往把整个企业当作自己的事业。一旦你有了这样的想法，在工作中你就能比别人得到更多的乐趣和收益。你会早来晚走，加班加点，生产出的产品比别人更优秀。身边的人，尤其是你的老板，会将你做的看在眼里，把你和别人区别对待。当涨工资和晋升的机会来临时，老板首先考虑的肯定是你。

优秀的员工是不会有"我不过是在帮老板打工"这种想法的，他们把工作看成一个实现抱负的平台，他们已经把自己的工作和公司的发展融为一体了。从某种意义上说，他们和老板的关系更像是同一个战壕里的战友，而不仅仅是一种上下级的关系。对于优秀的员工来说，无论他们从事什么样的工作，他们已经是公司的老板了，在他们的眼中，他们是在为自己打工。

英特尔总裁安迪·格鲁夫应邀对加州大学的伯克利分校毕业生发表演讲的时候，曾提出这样的建议："不管你在哪里工作，都别把自己当成员工，应该把公司当作自己开的。事业生涯除你自己之外，全天下没有人可以掌控，这是你自己的事业。你每天都必须和好几百万人竞争，不断提升自己的价值，增进自己的竞争优势以及学习新知识和适应环境，并且从转换工作当中虚心求教，学得新的事物，这样你才能够更上一层楼以及掌握新的技巧，才不会成为失业统计数据里头的一分子。"

我们钦佩的是那些不论老板是否在办公室都会努力工作的人，敬佩那些尽心尽力完成自己工作的人。这种人永远不会被解雇，在每个城市、村庄、乡镇，以及每个办公室、商店、工厂，都会受到欢迎。如果你想成功，必须成为这样的人。

你在为你自己工作

是的，我们是在为自己工作。不是因为薪水，也不是因为老板"要我做"，而是"我要做"。人生因工作而美丽，因工作而朝气蓬勃，因工作而有意义，因工作而无怨无悔。我们的成就感与幸福感，很大程度上都来自工作。

齐瓦勃出生在美国乡村，只受过短暂的学校教育。18岁那年，一贫如洗的齐瓦勃来到钢铁大王卡内基所属的一个建筑工地打工。一踏进建筑工地，齐瓦勃就表现出了高度的自我规划和自我管理的能力。当其他人都在抱怨工作辛苦、薪水低并因此而怠工的时候，齐瓦勃却一丝不苟地工作着，并且为以后的发展而开始自学建筑知识。

在一次工作的空闲时间里，同伴们都在闲聊，唯独齐瓦勃安静地看着书。那天恰巧公司经理到工地检查工作，经理看了看齐瓦勃手中的书，又翻了翻他的笔记本，什么也没说就走了。第二天，公司经理把齐瓦勃叫到办公室，问："你学那些东西干什么？"齐瓦勃说："我想，我们公司并不缺少建筑工人，缺少的是既有工作经验又有专业知识的技术人员或管理者，对吗？"经理点了点头。不久，齐瓦勃就被升任为现场施工员。同事中有些人讽刺挖苦齐瓦勃，齐瓦勃回答说："我不光是在为老板工作，更不单纯是为了赚钱，我是在为自己的梦想工作，为自己的远大前途工作。我们只能在认认真真地工作中不断提升自己。我要使自己工作所产生的价值，远远超过所得的薪水，只有这样我才能得到重用，才能获得发展的机遇。"抱着这样的信念，齐瓦勃一步步升到了总工程师的职位上。25岁那年，齐瓦勃做了这家建筑公司的总经理。后来，齐瓦勃开始了创业，建立了自己的企业——伯利恒钢铁公司。这家公司后来成为全美排名第三的大型钢铁公司。

像齐瓦勃这种为自己工作的人，不需要别人督促，他们自己监督自己；他们不会懒惰，不会报怨，不会消极，不会怀疑，不会马马虎虎，不会推诿塞责，不会投机取巧……他们不仅在工作中锻炼与提高了自己的能力，还积累与建立了自己良好的信誉。这些东西是你最宝贵的资产，是你美好前途不可或缺的基石。

从现在开始，自动自发地工作，不为任何人，只为自己。一旦你这样做，你将会看到：机会更垂青于自己。

是企业成就了员工

在企业中，有些比较有能力的员工总认为自己了不起，每天都像骄傲的公鸡一样趾高气扬，看不起其他同事，看不起老板。不知这些英雄式的员工是否想到，是谁成就了自己的英名，让自己一夜成名天下知？

固然，这些员工之所以能力突出与他们个体的天赋、素质、努力和奋斗分不开，可是，如果没有企业提供的这个大舞台，他们能崭露头角吗？

就像没有能够脱离集体而存在的个人一样，员工所取得的任何成就也都离不开企业的培养。因为每一个人都具有社会属性，任何时候都是特定集体中的一员。比如，上学时期是班级集体中的一员，上班后是单位集体中的一员，退休后是社会大集体中的一员。集体是个人存在的舞台，是个人生存和发展离不开的环境。而企业这个集体就是职场人赖以生存的社会单元，企业为员工的生存、生活提供了必需的物质基础和环境。因此员工不可能脱离企业而存在。

我们都知道这个成语："皮之不存，毛将焉附？"员工和企业的关系也是皮和毛的关系。企业不仅为员工提供了生存所需要的物质条件，而且还提供了发展的舞台。虽然从法律意义上讲，企业的资产是老板的，可是从经济学角度讲，企业资产是社会的，从实践角度讲企业资产是企业全体员工的，且只能是企业员工谋生和展示才干的舞台。企业，为我们提供了工作和学习的机会，提供了实现人生价值的舞台。如果失去这个平台，一切都将成为空中楼阁。

员工的每一步成长都离不开企业创造的各方面的条件。其中，工作岗位其实就是我们人生最好的练武场，工作就是一个施展自己才能的机会，因此可以说是企业成就了员工。

如果员工们明白了这个道理，在融入企业中就要保持积极进取的态度，尽快找到公司与个人发展的契合点，将所学知识变成能力，早日脱颖而出。另外，更要注意和他人友好相处，构成一个协作的团队。因为企业需要的是团队英雄。在许多优秀企业中，管理者们宁肯用具有团队意识、能够协同作战的员工，也不会用那些个人英雄主义思想严重的员工。因此，和老板、和同事一起在企业提供的平台上尽力展现自己的优秀，共同创造企业和人生的价值，这正是老板们所期盼的。如此，员工因企业提供的更加宽阔的平台而起飞，企业因员工的成长而发展，互惠共赢的局面就会形成。

为老板打工也是为自己打拼

我们打工究竟为了谁？只是为老板一个人吗？只是对老板一个人有利吗？

一天，一位参加工作两年多的年轻人向父亲大吐苦水："我的工作真是太累了！我每天起早贪黑为老板卖命，可是老板给我的薪水简直太少了。我现在已经掌握了车床的使用方法，能独当一面了，还不肯给我涨工资，真不想给他干了。"

父亲听后没有表态，问他："假如是两年前，你有这种想法吗？"

"当然没有，那时候我什么都不会，即便跳槽也不会有人出高工资。"

"那你现在的技能是从哪里学到的？"父亲又问。

年轻人哑口无言了。

父亲平静地说："我知道你的工作很辛苦。可是你不只是为老板打工，也是在为自己积累能力，难道你不认为是这样吗？"年轻人愣住了，他确实没有这样考虑过。

父亲接着又说："你从工作中学到的东西是你自己的，多做一些工作，多学一些知识，这都是千金难买的财富。把这些知识都运用到工作中去，能力提高了，我不相信你的老板会看不到你的进步。"

在企业中，可能会有很多人像这位年轻人一样认为自己只不过是在给老板打工。既然是为老板打工，因此就会想办法偷懒耍滑，少作多得，来获取自己的最大利益。这种观念是因为他们只站在自己的立场和角度来看问题造成的。他们只看到自己给企业创造的价值，没有看到自己在工作中学到了什么，没有看到老板在教会自己生存的本领时付出了多少代价。他们更没有看到自己和企业之间是一种互动和互相反馈的关系，因此总感觉企业亏待了自己，很难从内心深处点燃起工作的激情。

虽然企业的资产是老板或者股东的，可是员工并非单纯是为企业打工，在为老板打工的过程中也是为自己的生存和发展打拼。打工的过程也是为自己积累丰富的专业知识和一定的人脉资源的过程。员工通过打工获得岗位技能，积累工作经验后，都为自己将来升任管理者或者独立创业打下了坚实的基础。

在很多成功的企业家中，他们都是从打工者转变而来的。像人们耳熟能详的李彦宏、杨元庆等人，不就是因为在打工中积累了一定的能力，从而跃升到集团公司的领导层或者独立创业执掌门户了吗？如果没有公司为他们提供的高起点的平台，没有老领导的重用和指导，他们能得到全面的历练吗？因此，从这方面来说，员工与老板也不应该对立，相反应该感激老板，感激他们为自己提供的这个学习的平台。

虽然每个员工不可能都成为高层或者独立创业，但即便这样，随着打工薪水的提高，自己的生活质量也在不断提高。而且在团队中构建的和谐关系也是温暖人心的强大的精神支柱。如果员工不明白这个道理，不珍惜自己的工作机会，或是浪费公司的资源，最后的结果只能是以浪费自己的时间为代价，削弱自己在社会上的竞争力。

可能有人会说，员工打工的过程都是为公司做贡献，员工每天辛辛苦苦地出卖劳动力（包括脑力和体力），可是却不能获得相应的报酬，被老板剥削了大部分的剩余价值，难道不是为老板打工吗？

我们不否认在老板和员工之间存在这种"剥削"关系。很多小型公司都处于原始的资本积累时期，并没有一种更好的方式来消除剥削。可是，老板得到的多是因为他们付出的比员工多。另外，他们作为风险投资人比员工承受的风险大。

老板虽然不用像打工者一样固守一个工作岗位，可是他需要考虑企业经营发展的大事。他需要组织、配置和利用各种资源来保障员工有足够的保障，保障企业能盈利。如果大环境不利于本行业的发展，员工可以跳槽到另一个老板那里干，但老板就没有这个自由选择权，除非企业倒闭或者自己退股，不然老板无法像员工那样一走了之。而且市场风云变幻莫测，今天还是老板，如果一夜之间破产了，他们就是员工。

由此看来，老板在冒着巨大的风险为员工营造一个"谋生"的平台，老板为了企业的发展付出的这些脑力心力，是员工看不见的，也是无法按照计件或者计时来衡量的。从这一点说，既然老板付出的多，那么他们理应得到的多一些。即便企业度过了创业期，步入了顺利发展的快车道，虽然老板没有付出相应的劳动，但是他们也可以拿高额的利润。因为在市场经济下，也并不只是"按劳分配"这一种分配方式，谁投资谁受益。

如果员工认识不到这一点，不能换位思考，只是对老板充满怨言，故意和老板作对就是很不明智的。

员工们应该这样想，在自己的成长过程中，有企业这个免费的平台可以利用，有老板和同事的免费指导和帮助，不用自己掏学费，这不是一件很值得开心的事情吗？因此，既然员工选择了企业，聪明的做法就是借助企业的资源，在老板的帮助下提高自己的能力。这样才是正确的态度。如此，企业受益自己也受益，在为老板打工的同时也实现了为自己打拼的目的。

公司是老板的，收获却是你自己的。每个人正在做的每一项工作，都是在为自己将来的成功铺路搭桥。每个人都是自己命运的播种者，我们今天所做的一切工作，都将在以后深深地影响到自己的命运。毕竟，个人的成长才是一笔最宝贵的财富。否则，不摆正自己的心态，一生都可能与成功无缘。

第四章
态度决定高度

第Ⅲ章
濃厚液水製造

作为员工，你是否认为每天只要准时上下班、不迟到早退，就是圆满完成了工作，就可以心安理得地去领工资了？

我们身边常常有这样一类人，他们每天在茫然中上班、下班，到了固定的日子领回自己的薪水，高兴一番或者抱怨一番之后，仍然茫然地去上班、下班……他们从不思索关于工作的问题：什么是工作？工作是为什么？可以想象，这样的人，他们只是被动地应付工作，为了工作而工作，他们不可能在工作中投入自己全部的热情和智慧。他们只是在机械地完成任务，而不是去创造性地、自动自发地工作。

一位哲人说："人生所有的能力都必须排在态度之后。"的确，在态度内在力量的驱动下，我们常常会产生一种使命感和自驱力，而这种感觉的产生所带来的收获远远超出我们的想象。态度可以改变人的一生，态度是人成功的底线，态度承载能力，态度为能力导航。

把职业当成事业

职业与事业只有一字之差，含义却大不相同。职业可能是一时的，事业却是终生的；职业常常来自外界压力，事业却是源于内心的激情；职业可能很辛苦，事业一定很快乐。

一个把职业当成事业来做的人，即使是从事一份短期的工作，也会投入自己全部的智慧与精力，因为他会把这份短期的工作当成自己事业生涯中的一个台阶。如果你从事业的角度看待职业工作的话，也会少一些怨言和颓废，多一些积极和努力，多一些合作和忍耐，从而不断拓宽自己的视野，多领悟一些道理，多掌握一些本领和技能。

身处职场的人可能会因为前途堪忧、竞争激烈、待遇不公、工作不顺等而生出诸多的怨言和愤怒，也正是这些怨言和愤怒使得我们的职业生涯出现了许多的障碍，遭遇了许多的困难和挫折，使得我们一次次从头再来，一次次又失败而去，总是在低层次徘徊，长时间得不到突破和晋级。究其原因，是对待职业的态度造成的。

有朋友曾问我："为什么我的工作不快乐？"我说，因为你的职业并不是你的事业。人愿意为自己的事业抛头颅、洒热血，即使痛苦也快乐。如果我们把职业看作我们要用生命去做的事，工作便是生命的一部分、事业的一部分。我们便会为职业义无反顾，没有推诿，没有怨言，尽最大努力把它做得最好。

职业做好了，事业才有了成功的基础，职业生涯带给我们的经验与体验一定能够帮助我们在未来的事业上取得成功。所以我们在从事自己的职业的同时，别忘了给自己确立明确的事业目标，别忘了自己所有的职业努力都是为了以后能有一份自己的事业，能够更好地做好自己的事业！

有一句话说得好："今天的成就是昨天的积累，明天的成功则有赖于今天的努力。"把工作和自己的职业生涯联系起来，以做事业的态度做好职业，用职业的发展和进步帮助自己取得事业的成功。这是一个互相关联的链条，首先打造好了链条的前段——职业，后面的链条——事业——才会更加牢固。

让工作成为兴趣

让兴趣成为工作，是许多人的梦想。之所以说是"梦想"，是因为他们没有实现这个愿望。没有把兴趣变成工作的人，占了职场人士中的绝大部分。在这绝大部分人中，只有少部分能够调整自己的心态，培养自己对于工作的兴趣并喜欢上了自己的工作。

兴趣其实是可以慢慢培养的。

彼得年轻的时候是一个看管制钉机器的工人。每天从早到晚所接触的都是钉子，真是枯燥极了。他想世界之大，为什么要把一生都消磨在钉子堆里呢？何况这无情的工作永无出头的一日：做出一批钉子，第二批钉子便又接踵而至。

彼得满腹牢骚，不断从嘴里吐出怨言。在他身旁工作的另一位工人听了，认为他的话正好说出了自己的心思，不知不觉地也嘀咕起来……

彼得后来想：难道没有办法把工作改成有趣的游戏吗？于是他开始研究怎样改进工作和增加工作乐趣。

他对同事说："你专门做磨钉子的工作，把钉子外面一层磨光，我专门做拧钉子的工作，谁做得最快，谁就是胜利者。"

他的提议立即被对方接受。他们开始竞争，结果工作效率竟增加了一倍，大受老板夸奖，不久他们便升迁了。

彼得后来升为休斯敦机器制造厂的厂长，因为他懂得对待工作，与其勉强忍耐，不如用游戏的态度去做。他说："若你被工作压迫得走投无路，提不起兴趣而又毫无改变的办法，那你还是趁早改行，不然你将永无出头之日。"

钢铁大王卡内基之所以能在事业上取得巨大的成就，也是由于他懂得生活趣味化和工作趣味化的方法。卡内基小的时候就开始自力更生，从那时起就学会享受生活的快乐。他的所有成就都不是"苦干"的结果，而是快乐地做出来的。

是的，一个人若一开始工作就觉得是在受罪，那么他的成绩决不会出色。在他的面前只是一片无边无际的荆棘。相反，若他一开始就抱着极大的希望，憧憬着美好的前途，而尽其最大的努力去工作，即使眼前是一片荆棘，也会立刻消失得无影无踪，现出一条平坦光明的大道。

卡内基说："如果一个人不能从工作中找出乐趣，那不是工作本身枯燥的缘故，而是他自己不懂得工作的艺术。"这真是一句至理名言。

如何培养对工作的兴趣呢？我可以教你一个喜欢工作的方法，那就是"假装"自己对这个工作十分有兴趣，当你这么做时，你的老板，你的同事甚至你自己都会喜欢这时的你。久而久之，你就会有意想不到的收获。

有一个叫王洁的文员，主要的工作是起草各类商业文书。她一开始对于这项十分枯燥的案头工作提不起任何兴趣，工作也因此错误频出。后来她发现，假装对工作很有兴趣，居然能够让自己真的产生兴趣。她先前不喜欢她的工作，可是现在不会了。王洁说：

"有一天，公司的副经理坚持要我把一份商业计划书重新再做一遍，这使我非常生气。我告诉他，这份计划书只要改一改就行了，没有必要重新再写一遍。但他对我说，如果我不重做的话，他就会去找愿意重做的人来重做。我突然意识到有许多人都会跳起来把握住这个机会，来做我现在正在做的这件事情。再说，人家付我薪水也正是要我做这份工作，我开始觉得好过多了。接着我有了一个非常重大的发现，倘若我假装很喜欢我的工作的话，那么我就真的能喜欢到某种程度，我也逐渐发现当我喜欢我的工作的时候，我工作的速度就能快得多。所以我现在很少去加班了。这种新的工作态度，使大家都觉得我是一个非常优秀的文员。后来有一位主管需要一位私人秘书的时候，他就推荐我去担当那个职务。因为他说，我很喜欢做一些额外的工作而不抱怨。这件事情证明了心理状态转变所能产生的力量。"

王洁是无意中用了心理学家维辛吉教授的"假装"哲学，维辛吉教我们要"假装"很快乐。如果你"假装"对你的工作很感兴趣，这一点点的假装就会使你的兴趣变假成真，也可以减少你的疲劳，你的紧张，你的心烦。

卡腾堡是位名声显赫的新闻分析家。他22岁那年来到巴黎，在报上刊登了一个求职广告，找到一份推销立体观测镜的工作。卡腾堡开始逐家逐户地在巴黎推销这种观测镜，虽然他并不会讲法语，可是第一年他就赚到5000美元的佣金。而且成为那一年全法国收入最高的推销员。

他不会法语，又怎么能成为一个推销专家呢？他先让老板用非常纯正的法语，把他需要说的那些话写下来，然后标注发音后再背下来。他很坦白地承认这个工作非常难做。他之所以能撑过去，只靠着一个信念，就是他决心使这个工作变得很有趣。每天早上出门之前，他都站在镜子前面，向自己说："卡腾堡，如果你要吃饭，就一定得做这件事。既然你非做不可，为什么不做得痛快一点呢？"

只要你的态度正确，就能使任何工作不那么讨厌。如果你对自己的工作很有兴趣的话，就可以使你在生活中得到更多的快乐，因为你每天清醒的时间里，有一半以上要花在你的工作上。要经常提醒你自己，对自己的工作感兴趣，就能使你变得快乐，而最后可能会给你带来升迁和加薪。即使事情没有这样好，至少也可以把你的疲劳减低到最低，让你能够充分享受闲暇时间。

现在开始停止抱怨

如果你喜欢抱怨，那么这个世界提供给你抱怨的理由真是太多了。为什么晋升的不是我？为什么老是叫我加班？为什么我的薪水比他低？为什么……

很多人觉得职场压力大，竞争太激烈，一边埋头工作，一边对工作不满意；一边完成任务，一边愁眉苦脸。抱怨变成了最方便的出气方式。但抱怨很多时候不但不解决问题，还会使问题恶化。如果抱怨成了一种习惯，不但人见人厌，自己也整天不耐烦。更让人总觉得你活得被动，而上司认为你是干扰工作、爱发牢骚的人。同事认为你难相处，上司认为你是"刺儿头"。结果升职、加薪的机会被别人得去了，你只有"天真"的牢骚。

许多年轻人如果应聘没有被录用，他就会把那个公司说得一文不值，甚至常常怨天尤人、愤愤不平，却很少从自己身上找原因。其实，如果换个角度来看，也许就能找出问题的真正原因。

李敏是大学生。她去一家公司应聘信息员职位，一路过关斩将，最后只剩老板面试了。应该说李敏当时的把握是很大的，但没料到的是，那位老板和李敏交谈了几句，看了看她的简历后，说："对不起，我们不能录用你。试想想，连自己的简历都保管不好的人，我们怎能放心把单位的工作交给他呢？"是李敏那留有水渍，湿得皱巴巴的简历引起了老板的反感。

原来，早上临出发前，李敏走得急，一不小心碰翻了茶杯，溅湿了简历，但再重做一份已经来不及了，谁知问题就出在这里。这能怪谁呢？回家后，李敏没有任何的抱怨，没有埋怨老板的小题大做，她只是非常认真地用钢笔抄写了一份简历，并给那家公司的老板写了一封信，其中写道："贵公司是我心仪已久的单位。您对我的近乎苛刻的要求，正反映了贵公司在管理上的认真与严谨，精益求精，这也是贵公司兴旺发达希望之所在。我一定铭记您的教诲，在今后的工作中尽心尽责，一丝不苟，为了对我的疏忽进行惩罚，我特意手抄一份简历给您。再次表示歉意！"李敏发自肺腑的话语，详略得当的简历，以及她那娟秀清丽的笔迹，使老板眼睛一亮。最终，那家公司录用了她。

有一些人干活的时候敷衍了事，做一天和尚撞一天钟，从来不愿多做一点儿，但领工资的时候争先恐后。他们似乎不懂得工作应是付出努力，总想避开工作中棘手麻烦的事，希望轻轻松松地拿到自己的工资，享受工作的益处和快乐。

诚然，工作可以给我们带来金钱，可以让我们拥有一种在别处得不到的成就感。但有一点不应该忘记，丰厚的物质报酬和巨大的成就感是与付出辛劳的多少、战胜困难的大小成正比的。

不可否认，人都有趋利避害、拈轻怕重的本能。但我们在工作中既然选择了这个职业，选择了这个岗位，就必须接受它的全部，而不是只享受它带给你的益处和快乐。就算是屈辱和责骂，那也是这个工作的一部分。如果说一个清洁工人不能忍受垃圾的难闻气味，他能成为一名合格的清洁工吗？如果说一个推销员不能忍受客户的冷言冷语和脸色，他能创下优秀的销售业绩吗？

每一种工作都有它的辛劳之处。体力劳动者，会因为工作环境不佳而感到劳累；在窗明几净的办公室里工作的中层管理者，会因为忙于协调各种矛盾而身心疲惫；居于高位的领导者，背负着公司内部管理和企业整体运营的压力。你无法想象一个总经理说："我只想签几个字就领高工资，至于公司的年度利润指标，这需要承担太多的压力，我受不了。"

只想享受工作的益处和快乐的人，是一种不负责任的人。他们在喋喋不休的抱怨中，在不情不愿的应付中完成工作，必然享受不到工作的快乐，更无法得到升职加薪的快乐。

奎尔是一家汽车修理厂的修理工，从进厂的第一天起，他就开始发牢骚，"修理这活太脏了，瞧瞧我身上弄得""真累呀，我简直讨厌死这份工作了"……每天，奎尔都在抱怨和不满的情绪中度过。他认为自己在受煎熬，像奴隶一样卖苦力。因此，奎尔每时每刻都留意着师傅的眼神与行动，一有机会，他便偷懒耍滑，应付手中的工作。

转眼几年过去了，当时与奎尔一同进厂的三名员工凭着精湛的手艺，有的另谋高就，有的被公司送进大学进修，独有奎尔，仍旧在抱怨声中做他的修理工作。

那些在求职时念念不忘高位、高薪，工作时却不能接受工作所带来的辛劳、枯燥的人；那些在工作中推三阻四，寻找借口为自己开脱的人；那些不能不辞辛劳满足顾客要求，不想尽力超出客户预期提供服务的人；那些失去激情，任务完成得十分糟糕，总有一堆理由抛给上司的人；那些总是挑三拣四，对自己的工作环境、工作任务这不满意那不满意的人，都需要一声棒喝：记住，这是你的工作！

记住，这是你的工作！不要忘记工作赋予你的荣誉，不要忘记你的责任，更不要忘记你的使命。坦然地接受工作的一切，除了益处和快乐，还有艰辛和忍耐。

理性面对压力

是工作就有压力，除非你没有用心工作。适当的压力容易使人焕发出斗志，但是面对较大的压力和困难时，能够坚持不懈地努力工作的人却并不多。有不少人就是因为工作压力大、困难多而丧失信心，从而放弃自己的目标和努力，也放弃了自己的未来的。

公司要求高，客户挑剔多，工作难度大，手里资源少，等等，一系列的压力和困难容易使人产生畏缩情绪，一些员工在这一系列的压力和困难面前会逐渐丧失自信、热情和斗志，把自己定位成"为了生存而奔波的打工者""为求温饱而被虐待的人"，对企业、客户、老板没有感激，有的只是不满和怨恨。他们的心思都用在寻找借口、逃避困难、推卸责任上，敬业的热情荡然无存。

在工作的压力和困难面前选择退缩，在挫折和打击面前选择逃避，这样的选择对你有什么好处呢？退缩和逃避能给你带来轻松和快乐吗？你能在退缩和逃避后找到不用拼搏就能得到的成功吗？也许你只是不想太累了，让自己能轻松一点，不想受太多的气、遭太多的罪，也希望这个世界对自己不要太刻薄，希望自己能更顺利一点。你的愿望没有错，你的要求也不过分。但是，请你清醒一点，看清楚现实，放弃自己不切实际的幻想。

请看清楚，我们所处的时代，是一个高度竞争化的时代，是一个"只有偏执狂才能成功"的时代。在这个时代里，几乎每个行业都不容易做，几乎每个企业都有很大的生存压力。在这个时代里，你重视的每个客户都有很多企业围着他转，你看重的每个业务项目都有很多企业参与争夺，每个客户都重视自己的利益，都想花最少的代价得到最大的利益。想轻轻松松地赚钱？恐怕没有这样的好事。对我们绝大多数人而言，转行也好，跳槽也好，都无济于事，都无法摆脱工作的压力和困难，付出才有回报是永恒不变的真理。对企业员工来说，要想真正有效地化解掉工作中的压力和困难，你所能做的就是为你的工作投入更多的热情。具体一点，就是坚强地去承受这些压力、承担自己的责任，不要轻言后退，更不要放弃；更用心地去学习进步，更快、更好地提高自己的职业素质和技能，努力把工作中的每件小事都做好。只有这样，那些压力和困难才会被你征服，而不是你被它们征服。

当你遭遇老板的批评和指责的时候，当你遭遇客户的刁难和抛弃的时候，当你被要求做很难做到的事的时候，当你被要求去承担不该承担的责任的时候，当你的合理要求被拒绝的时候，当你感到喘不过气、直不起腰来的时候，不要退缩，不要逃避，不要趴下，不要郁闷，不要愤怒。因为那样对你没什么好处，也解决不了你面临的问题。请你记住那个相貌不佳、生活中遭遇了很多磨难、在国家最困难的时候担任起拯救国家的重任的美国总统林肯所说的那句话："别人所能负的责任，我必能负；别人所不能负的责任，我也能负。"这样，才能磨炼自己。

胡佳是一家广告公司的业务代表，为了推销公司代理的户外广告，他整天在外面奔波，每天都要遭遇客户的冷漠和拒绝。而当他拖着疲惫的身躯回到公司后，经常看到的是老板的一张冷脸，听到的也是对他的业绩不佳的批评。胡佳心里真是又酸又涩，收入也一直很低，连坐有空调的公交车都有点心疼。有一段时间他的情绪很低落，觉得公司的广告牌不受欢迎，客户又太挑剔，自己再怎么辛苦也就这样，没什么指望了。于是，在工作中他应付了事，往外跑的次数越来越少，到了客户那里也提不起精神，走个过场就离开。不久，胡佳想辞职，想换一家公司找个轻松一点的工作。老板知道后没有强留，只是向他提出了几个问题，希望他在离职前答出来。

这几个问题是：你对户外广告的价值和公司的户外广告的特色是怎么认识的？你跑的这几十家客户不接受我们的户外广告究竟是什么原因？那些客户对广告宣传最重视的是什么？你在向他们推荐公司的户外广告牌时侧重的是什么特色？你每星期有多少时间在与客户沟通？那些客户公司的负责广告宣传的人的性格特征、个人喜好是什么？

拿到这些问题后，胡佳想了半天也难以落笔。就在此时，胡佳突然有一种开了窍的感觉，知道了自己业绩差的原因，不在于公司的产品，也不在于客户挑剔，而是因为自己还没有搞清楚这些该清楚的东西，没有积极地面对工作中遭到的困难和压力。前面这几个问题，其实是老板经常对他们提醒和强调的内容，而自己总觉得这些问题不重要、太理论化，一直没有重视，所以造成了现在的悲惨结果。明白以后，胡佳决定不走了，继续做下去。此后，胡佳一边工作，一边学习广告专业的知识，学习销售业务的知识和技能，虚心向老板和经验丰富的同事请教。同时，他更积极地去拜访客户，更主动地与客户交流，也更注重深入地探询客户的需求和愿望。

坚持了三个多月后，胡佳的努力开始得到回报，他签下了一个大额合同，与其他几个客户的交流也很顺畅，开始迎来了业绩的春天。

这就是一个普通员工的事例，是发生在我们身边的、经常能遇到的事例。

当你面临压力和困难时，请告诉自己要坚持下去，以高昂的斗志和饱满的热情去承担责任。只要你做到了这一点，你得到的就一定会比你付出的多。因为你征服了压力和困难，而不是被它们征服。

无论工作多么艰难，无论受多大的委屈，坚持敬业，不要放弃自己的未来！

如果付出与回报不成正比

我为公司做了那么多，但公司给我的太少！

——如果一个员工心里产生了这种想法，心中火热的工作激情难免很快消退，取而代之的是不平与敷衍。

毋庸置疑，不少企业的薪酬激励机制不够合理，员工的收入偏低，奖励和处罚更是处于模糊状态，由老板说了算，没有体现出公平公正，对员工的敬业热情有很大的打击。当你面临这样的情况时，更要以一种积极的心态来面对。要提醒自己，来这里工作不仅是来挣钱的，还是来学习的。不要被现有的薪酬制约住你的工作热情。

退一步来说，工资不理想你可以通过适当的方式和老板沟通，或者另谋高就，但决不能既占住公司的位子又不努力工作，同时荒废自己的岁月。

此外，注意不要把有效地履行了自己的职责视为做出了杰出的贡献，不要把做好了应该做好的事视为有很大的功劳。假如不能清醒地认识自己的责任，错把履行职责当成是做出贡献，那就容易引发自己的不满情绪，导致敬业热情的消退。

例如，一个市场营销部的策划人员做出了一个很好的营销策划方案，保障了企业的新产品顺利上市，使得企业的竞争优势得到了提升，也赢得了很大的经济效益。这本是他的职责，做好是应该的，否则他就不适合这个职位。但是，如果他把这个视为自己的贡献，觉得公司应该给他多少奖金，那就是错把责任当贡献，就容易引发不满情绪、降低敬业热情了。

社会上各行各业的薪酬机制受到许多因素的影响，是不能单纯看经济价值的。假如以责任所承担的经济价值来作为薪酬和奖金的主要依据，那我们许多行业的薪酬就要进行彻底的革命了。

例如，每个医师的工作都与一大群人的生命有关，他们正确地诊断出患者的疾病就几乎是挽救了患者的生命。如果把这个作为贡献而不是职责，那他们的收入应该是天文数字了。同样，民航飞机的工程技术人员每天的工作就是检查、维修和护理飞机，每架民航飞机价值都在数亿元，加上旅客的生命的价值，这些工程技术人员每消除一个隐患就可能减少数亿元的损失、挽救数百人的生命。如果把这些都作为他们的贡献，那他们的收入也应该是天文数字。

类似这样的事例还有很多，我们身边的同事、朋友从事的职业就可能具有这样的特征，相信每个人都能列出来。

因此，要正确看待自己的工作，理智地区分责任与贡献。不要把履行职责当成是做出贡献，不要把做好了应该做好的事当成是自己的功劳，更不要整天去计算自己的贡献应该得到多少奖金。如果你认为企业的薪酬制度不合理，你有意见和不满，可以向老板提出来，但是不要把职责和贡献弄混了，否则你的精力就会涣散，就会在算计中迷失自己。

"不患贫，而患不公"，这是人性的一个特征，尤其是对自己身边的人。因此，工作和待遇上的不公正是杀伤力最大的武器，对员工的敬业热情有很大的打击作用。从许多员工的言谈中，我们能感受到他们的敬业热情就是被一些"不公平""不公正"现象所扑灭的。"某某部门的人怎么怎么样""某某人怎么怎么样""我们怎么怎么样"，等等，抱怨、伤感、无奈、失望、消沉，多种消极的情绪从言谈话语和神情中流露出来。

确实，当我们看到身边的一些工作表现和为企业做出的贡献不如自己的同事收入不比自己少的时候；当我们看到有的人整天无所事事、轻轻松松，收入也不比自己少的时候；当我们因为一点小事受到处罚，而另一些人违规违纪更严重却没有得到处罚的时候……我们的内心会很郁闷，也可能会愤怒。

但是，我们还是要保持清醒，要提醒自己，不要过分计较与同事在这些方面的差距，更不要因此而抛弃自己的敬业热情。

我们生活的这个世界没有绝对的公平公正，我们工作的企业内部同样没有绝对的公平公正。无论在哪里工作，我们都会遇到这样那样的不公平、不公正的现象，有些还会发生在自己的身上。不管是什么原因造成的，不管你感到如何的痛苦和愤怒，你都不应该把怨气带到工作中，不要把企业的错误作为自己不敬业的理由，也不要因为别人有好运而抛弃自己的敬业热情。否则，你就是把自己的职业前途交给了别人，而不是掌握在自己的手里。

事实上，有些在你看来不公平、不公正的事情和现象，并不一定就是不公平、不公正。因此，在你遇到这些让自己不顺心的事情时，要换一个角度想想，站在有关同事的位置上、站在公司领导的位置上想一想，你也许会发现它的合理之处。

这些想法别带进职场

一个人内心的想法，时刻会影响他的行动。以下八种常见的错误想法，你最好不要将其带入职场。

1. 我的目标就是当总裁

很多人相信"不想当将军的士兵不是好士兵"这句话。但实际上，将军的位置很少，如果大家的目标都是 CEO、CTO，那么这种主观愿望与客观现实产生的差距会让人整日郁闷。因此，我们在工作中首先要将自己定位为一名平凡的人，脚踏实地、用心做好最平凡的工作。

2. 能当好下属就能当好主管

有人认为，只要能把本职工作做好，就能当好主管。其实如同优秀的运动员不一定是优秀的教练一样，也会出现表现优异的销售人员、工程师等升任主管后却表现不佳。这是因为好的主管除了需要工作能力以外，还需要一些其他方面的能力，如决策能力、协调能力、组织能力等。同理，在某个职位做得好，并不代表在其他职位也能做得好。

3. 老板决定每个人升迁的快慢

如果过于迷信老板对自己升迁的影响，那么就会因迎合他的好恶而妨碍了自己真正的成长。如果失败了，你又会归咎于老板，而看不到自己的问题，这样同样会使人陷入平庸。

4. 只要努力工作，就能得到赏识

有些人认为，在单位待的时间越长，越能显示自己的勤奋。只要每天加班，就一定能得到老板的赏识。其实，工作效率和工作业绩是最重要的，整天忙忙碌碌但不出成果，并不是一个有效的好员工。

5. 成功的关键在于运气

很多人相信成功是由于有好的机会，因此，他们被动地等待命运的安排，

而不去主动地计划、经营自己的生活，这种人最后只能是一事无成，落入平庸。

6. 改正了缺点才能得到升迁

一个人要实现自己的职业规划，就要依靠自己的优势。将自己的强项发挥出来后，再去试着纠正弱点，这是扬长避短。先改正缺点的想法使人注意了自己的不足，而忽略了自己的强项。

7. 做升迁计划是人事部门的事

有人认为对职位升迁的安排是人事部门的事，所以自己只要做好本职工作就行了，其实员工的升迁计划是组织和个人双方都参与的事，只不过最终能有决定作用的是你个人。如果你自己对以后都没有一个明确的目标，那么是不会有谁去替你考虑的。因此，你不能抱着做一天和尚撞一天钟的态度来对待自己的未来。

8. 邻家的绿地总是更绿更好

这就是常见的"这山望着那山高"的心态。总是觉得外面的工作更理想，因此产生"跳槽"的想法，而没有想到在新的工作岗位要建立新的人际关系，会面对新的矛盾和挑战。其实不管从事什么工作，在哪里工作，对你来说矛盾与挑战都存在。

第五章

别把老板当敌人

如果说这个世界上还有什么比婆媳关系更难相处的，那一定是老板与员工的关系。每天都会在办公室里上演的员工离职现象，有相当一部分是因为员工与老板的关系出现了危机；在职场中，有超过 50% 的人认为老板是靠不住的；在职业测评公司接受的咨询案例中，80% 的人对老板很有看法。

人们普遍认为，老板和员工是一对矛盾的统一体，从表面上看，彼此之间存在着对立性——老板希望减少人员开支，而员工希望获得更多的报酬。事实上，从更高远的层面来看，老板和员工之间并不是对立的，两者之间是一种互惠双赢的合作关系：在我们为老板工作的同时，老板也在为我们工作。

假如你是老板会如何

如果我是老板，一定不会要员工加班；如果我是老板，一定不会开除员工；如果我是老板，一定不会……说这些话的一定不是老板，就是将来真正做了老板也难长久。

同一个问题，往往会因为身处的位置不同，看待问题的角度不同而出现千差万别的答案。凡是帮别人打过工的人都有这样一种感觉：似乎总有干不完的事，因而认为老板不近人情；而当有一天角色互换，你也成了老板时，你却会认为员工处处不积极主动。

成功守则中最伟大的一条定律——待人如己，也就是凡事为他人着想，站在他人的立场上思考。当你是一名员工时，应该多考虑老板的难处，给老板多一些同情和理解；当自己成为一名老板时，则需要多考虑员工的利益，给员工多一些支持和鼓励。

这不仅仅是一种道德法则，它还是一种动力，能推动整个工作环境的改善。当你试着待人如己，多替老板着想时，你的善意就会无形之中表达出来，从而感动和影响包括你的老板在内的周围的每一个人。你将因为这善意而得到应有的回报。任何成功都是有原因的，不管什么事都能悉心替他人考虑，这就是你成功的原因。

每一位老板在经营公司的过程中都会碰到很多出乎意料的事情，老板时刻都面临着公司内外的各种压力，而他在压力大的时候偶尔发泄一下，犯点错误，这是正常的。任何人都不可能达到完美，老板也一样。明白了这些，我们就应该以一种普通人的眼光来看待老板，而不要把他们当作雇主，应该同情那些以全部精力打理公司的人，他们往往下班了还在继续工作。

一些人认为，自己在公司处处受气，是因为老板鼠目寸光，没有识别人才的慧眼，而且还嫉贤妒能。他们认为在自己的老板手下做事，不仅不能实现自己的价值，还会使自己变成庸才，远离成功。而事实上，这些人是"以小人之心，度君子之腹"，用自己的个人私心来揣度老板，从而认为是老板阻碍了自己进一步发展。

毫无疑问，任何一个老板雇用员工，绝对不是为了满足自己"找碴"的"嗜好"。他想要找的是能帮助自己的事业腾飞的人。他不是为了"找碴"而"找人"。他身上背负着企业兴衰的重担，他必须敬业地扮演好"老板"的角色——在很多时候，他的"敬业"，在员工的眼里成了"刻薄"与"找碴"。

如果你是老板，你一定也会"找碴"。或许你不会承认，但你的员工会这么认为。相信吗？

和老板来个换位思考

也许有人会认为自己遭受老板的克扣、压榨和奴役，认为自己的贫穷是由老板造成的，然而事实上并非完全如此。

如果我们总是用上述眼光来看待公司和老板，我们看到的永远是黑暗，永远是剥削。

老板既不是善良无私的慈善家，也不是十恶不赦、吃人不吐骨头的剥削者。去掉自己看老板时的那种对立眼光，我们就会对老板多一分理解和支持。社会给予老板许多灿烂的光环，同时，也给予老板许多偏见和苛求。

但是，老板就是老板，是一个商业经营者，老板存在的意义不是为了给穷人募捐，也不是给无家可归的人提供避难所——尽管他们能够做到，并且有许多人都在那样做，但这并不是他们的主要工作。他们的责任是不断创新，提供更多的就业机会，创造更多的利润，使公司能够长期运转下去，使更多的人能够获得更多的生存机会。

之所以苛求老板，是因为人们对他们有太高的期望值。大多数老板并不是迫害狂，他们的目的是以最小的投入获得最大的利润。如果他们像慈善家一样不求回报地施舍，那么正常的企业经营就无法维持，就会有更多的人面临失业的危机。

对一个企业领导者来说，在公司所承担的责任很大，也有诸多痛苦。

1. 抉择的痛苦

企业发展到一定规模，做老板的自然风光，然而随之而来的却是企业发展方向的抉择，这种思考的痛苦是企业员工所不能理解的。

企业到底要不要发展壮大？如果企业需要进一步发展，是自己来做还是请职业经理人？

自己做，面临着精力和时间上的压力，请职业经理人，又面临着处理老板与职业经理人之间的种种矛盾；矛盾发生时，职业经理人拍拍屁股就可以走了，但是老板却还得捡起烂摊子，这些都将为老板经营企业带来很大的阴影。

2. 经营风险

经营一家公司势必要面临种种的风险。因为赚钱而风光一时的老板很多，因为破产而伤心落魄的也不少。

很多员工常常这样算账：老板进了多少货，进价多少，卖价多少，赚了多少，才分给我多少；或者这样想，我工资多少，创造的价值多少，剩下多少被老板剥削了。照这样算，世界上有多少个老板，就有多少个黑心肝。

其实有很多账是只有老板自己清楚的，也许一笔生意是赚了很多，但一年中还有很多没有生意的时候，没有生意仍然有支出，所以公司不能不有所储备。另外还有一些生意是亏本的，公司要办下去，削高补低，才能维持。既然亏本的时候工资要照发，赚了钱也不可能全部分光，老板和员工的着眼点不同，算法也不一样。

不少人往往过高估计自己，只算自己创造的价值，不算自己产生的消耗，更看不到自己所取得的一切必须依靠企业这个平台，而搭建这个平台所消耗的庞大费用，是需要每一个人每一个环节来分担的。

3. 老板都有血泪账

每一个老板都有一笔血泪账。虽然他们在外人眼中总是谈笑自若，一副闲庭信步的样子，但在他们心中都有笔血泪账，因为他们长期生活在成本和利润之间，每花一笔钱时，自然而然就会计算。

大多数老板都很"抠"，因为经营本来就必须精打细算。没有人因为你生意不好就同情你、谦让你，该交的税要交，该付的工资不能不付，房租、水电、办公费，等等一分也不能少。

所以老板的压力不知比员工大多少。替人打工的，只要有本事，哪里找不到一碗饭吃！吃得饱就继续干，吃不饱，一走了之，炒老板的鱿鱼。然而做老板的就没有这么潇洒了。

老板和员工，对于企业的忠诚度和责任心，永远都是没法比的。作为老板，企业是自己的，只要一天不关门，老板就一天不能停止去找米下锅。今天有米，谁也不能保证永远有米，所以老板即使赚了钱也有危险感，没有赚钱更是寝食不安。至于亏了本的，那彻骨的焦虑，外人又怎么能够体会。

老板都是苦出来的，没有谁能随随便便成功。

人们看见老板开豪华车，出入高档宾馆酒楼，就觉得老板活得潇洒。其实，他们既然能在激烈的市场竞争中生存发展，大多数还是有强烈事业心的，吃苦耐劳，许多人甚至成为工作狂，哪里有工夫潇洒？他们确实比一般人更多地出入灯红酒绿的场所，但那多半也是为了工作应酬而已，与潇洒相去甚远。

老板的乐趣未见得比普通人多，人们对老板的要求却比普通人高。

4. 亲情危机的痛苦

老板承担的压力和付出的东西比一般人要多得多。算算老板的工作时间，早上很早到办公室，中午开会或者陪人吃饭，下午接待各种各样的人，晚上还要应酬，等到回家的时候，孩子睡了，太太也睡了，老板与家人之间基本上没有时间沟通和交流。有的人做了老板以后，由于利益的纷争兄弟姐妹反目成仇，成了孤家寡人。

5. 身体的痛苦

"宁愿胃里喝个小洞洞，也不能让感情上出现小缝缝。"很多老板不仅工作要动脑，而且还要交际应酬，结果，肚子大了，头发没了，身体垮了，老板的成功是以牺牲健康为代价的。

6. 孤独的痛苦

企业发展到一定程度，对于公司里发生的烦恼事，老板既不能和太太谈，也不能和朋友说，因为这是商业机密。老板只能和几个重要的骨干讨论，但是下属和老板之间永远是上下级的关系，隔着距离，老板也不可能把所有的话告诉下属。有了烦恼，不能和家人说，不能和朋友说，更不能和下属说，老板高处不胜寒。

曾经有老板开玩笑，星期六、星期天找职业经理人打球的人很多，但找他们的很少，因为没有人愿意和老板一起玩。不能随便外出，不能随意做事情，老板的一举一动都要考虑到企业的形象，享受不到别人所谓常态的快乐。

7. 责任的重担

老板是公司必不可少的一名员工，是公司的核心和灵魂人物。如果他离开，可能导致企业破产，那么很多人都面临着重新选择工作的风险，甚至对整个产业都可能会产生影响。每个人总有疲惫的时候，社会的责任、市场的竞争、各种人际关系都迫使老板无法自由地卸下肩上的责任。

积极主动与老板沟通

俗话说：通则不痛，痛则不通。你与老板之间一旦"不通"，则难免有"痛"。如何才能"通"？沟通！

阿尔伯特是美国金融界的知名人士。初入金融界时，他的一些同学已在金融界内担任高职，也就是说他们已经成为老板的心腹。他们教给阿尔伯特的一个最重要的秘诀就是"千万要主动跟老板讲话"。

之所以如此说，是因为许多员工对老板有生疏及恐惧感。他们见了老板就噤若寒蝉，一举一动都不自然起来。就是职责上的述职，也可免则免，或拜托同事代为转述，或用报告形式，以免受老板当面责难的难堪。长此以往，员工与老板的隔膜肯定会愈来愈深。

然而，人与人之间的好感是要通过实际接触和语言沟通才能建立起来的。一个员工，只有主动跟老板做面对面的接触，让自己真实地展现在老板面前，才能令老板认识到自己的工作才能，才会有被赏识的机会。

在许多公司，特别是一些刚刚走上正轨或者有很多分支机构的公司里，老板必定要物色一些管理人员，此时，他选择的肯定是那些有潜在能力，且懂得主动与自己沟通的人，而绝不是那种只知一味勤奋，却怕事不主动的员工。

因为两者比较之下，肯主动与老板沟通的员工，总能借沟通更快更好地领会老板的意图，把工作做得近乎完美。所以前者总深得老板欢心。

老板阶层的人有一个共同的特点，就是事多人忙，就特别讲究效率，故而最不耐烦长篇大论，言不及义。因此，你要引起老板注意并很好地与老板进行沟通，应该学会的第一件事就是简洁。简洁最能表现你的才能。莎士比亚把简洁称为"智慧的灵魂"。用简洁的语言、简洁的行为来与老板形成某种形式的短暂交流，常能达到事半功倍的良好效果。

虽然你所面对的是一个老板，但你也不要慌乱，不知所措。不可否认，老板喜欢员工对他表现得尊重。然而，"不卑不亢"这四个字是最能折服老板，最让他受用的。员工在沟通时若一味迁就老板，过分地吹捧，就会适得其反，让老板心里产生反感，反而妨碍了员工与老板的正常关系的发展。你若在言谈举止之间，都表现出不卑不亢的样子，从容对答，老板会认为你有大将风度，是个可造之才。

理解的前提是了解。老板不喜欢只顾陈述自己观点的员工。在相互交流之中，更重要的是了解对方的观点，不急于发表个人意见。以足够的耐心，去聆听对方的观点和想法。

在主动与老板沟通时，千万不要为标榜自己，刻意贬低别人甚至老板。这种褒己贬人的做法，最为老板所不屑。与人沟通，就是把自己先放在一边，突出老板的地位，然后再取得对方的尊重。当你表达不满时，要记住一条原则，那就是所说的话对事不对人。不要只是指责对方做得如何不好，而要分析有哪些不足，这样沟通，老板才知道你是经过思考的。

对于日新月异的科技、变化迅猛的潮流，你都应保持一定的了解。广泛的知识面，可以支持自己的论点。你若知识浅陋，对老板的问题就无法做到有问必答，条理清楚。而当老板得不到准确的回答，时间长了，他对员工就会失去信任和依赖。

在了解了老板的沟通倾向后，员工需要调整自己的风格，使自己的沟通风格与老板的沟通倾向最大可能地吻合。有时候，这种调整是与员工本人的性格相悖的。但是员工如果能通过自我调整，主动有效地与老板沟通，创造和老板之间默契和谐的工作关系，无疑能使你最大限度地获得老板的认可。

不妨把老板当成老师

不要把老板当敌人，也不要把他当上帝。把老板当成老师是一个很好的建议。老板之所以成为老板，一定是有其独特的可取之处。社会是一所大学，老板是我们最不应该忽略的"大学老师"。

每个人成功的方法都不一样，你的老板走的是哪一条路呢？他一路走来经历了哪些困难，又是如何克服困难的？或许，你可以套用一下他的"成功模式"呢！

你甚至可以当面向你的老板请教他的成功之道。一般来说，人人都喜欢谈成功而忌讳谈失败，所以他会愿意告诉你他的成功经验。你需要学习的是：

——他如何踏出第一步以及第二步、第三步？

——他如何积累实力？

——他如何突破困局，超越自己？

——他如何处理内外的人际关系？

——他如何规划一生的事业？

此外，不仅要从老板过去的历程中吸收营养，还要善于在日常工作中学习老板为人处世的高招。有一句话是这样说的：最令人愉悦的拍马屁是向他人请教。以老板为老师，一则提高自己的能力与素养，二则融洽上下级之间的关系，何乐而不为？

适应老板的做事风格和习惯

任何员工的作用都是为了协助或协同老板达到事业上的某一目标，要做到这点，首先就要了解老板的行事风格。有些员工不明白这些，因此在和老板的交往中栽了跟头。

甲、乙二人一起进入一家公司，可是，甲的业务一直比不上乙。眼看着乙从业务员一步步做到部门主管，甲不由得眼热，考虑了几天，终于做出了一个荒唐的决定：给老板送高档的礼品。可是，老板婉言谢绝了。因为担心员工不好下台，老板在委婉批评后，收下礼品，但是给了甲礼品钱，实际上还是变相地拒绝了她。

这位员工遇到的老板还是比较照顾员工面子的。如果遇到黑包公一般性格的老板，说不准会大骂一通，并且当成典型在全公司批评一顿。因此，员工对老板的行事风格和习惯等要有所了解。这样做不是为了让员工投机钻营，而是为了让员工有的放矢，改变自己的工作方式和思考习惯，互相取长补短，争取和老板配合默契。

（1）与冷静型老板相处

冷静型的老板工作条理性很强。如果自己遇到这样的老板，不要自作主张。等到老板决定计划后，你只要负责执行便好。另外，他们认为做事必须讲究章法，你就不能马马虎虎。对于执行的经过，必须有详细记录，这种一丝不苟的精神正是他所喜欢的。

（2）与热情型老板相处

你如果遇到热情的老板，不要完全相信相见恨晚，必须明白他的热情并不会持久，在与他们的交往中要采取不即不离的方式。不至于使他的热情在短时间内便达到顶点，同时也不至于使他感到失望。

（3）与豪爽型老板相处

豪爽型的老板做事果断干脆，不拖泥带水，而且也不拘小节。如果你遇到的是这种类型的老板，那真是值得庆幸。若他们交代你来办事，不要畏畏缩缩，也不要言不由衷，要坦诚相告。老板认为要大刀阔斧，你就不能"循序渐进"。只要你能表现出过人的工作能力，就不用担心没有发展的机会。

（4）与傲慢型老板相处

傲慢型老板容易被人们认为是摆架子的人。

有些老板爱摆"官架子"是因为恃才傲物，有些人是为了显示自己的权威，给人一种距离感。距离感不仅会给老板带来心理上的安全感，而且还为他处理人际关系提供了一些回旋的余地。老板可以用"官架子"来逃避琐事的烦扰。如果你明白了老板为什么会端架子，就可以区别对待，达到良好效果。

那种恃才傲物的老板最看不起低三下四的人。因此，你可以用不卑不亢的态度来对待他。处事低调，行为高调，这是他最欣赏的。对于那种依靠架子来显示权威的，可以满足他们这种心理，凡事多汇报，让他们感到自己很受下属重视。至于那种用"官架子"来逃避琐事的，要和他们保持适当的距离，不是大事就不要打扰他们。

（5）与健忘型老板相处

有的老板很健忘，常常丢三落四。和这样的老板相处，就要多做一些补救的工作。比如，送材料时不要一放就走，或托人转送，可对材料做些具体解释；如是重要材料，可要求他们签字，送前或送后再打个电话给上司加以说明。

（6）与马虎型老板相处

有的老板做事很马虎，结果常常弄得下属们无所适从。对此，下属要在台下做好充分的准备工作。常言说：老虎也有打盹的时候，老板也有迷糊的可能，一个好下属就是在"老虎"打盹的时候为他放放哨、站站岗。对于这样的老板，不妨为他补足台下功课，收集各种信息和资料，不至于让老板因为细节问题使工作受影响。

总之，不论和何种性格的老板相处，员工都要善于考问自己："我的老板主要有哪些方面的长处？是何种做事风格？我应该怎样帮助他们？能本着这种目的出发，老板自然会感到无比欣慰。

时时维护老板的面子

中国人爱面子，有"人活一张脸，树活一层皮"的说法。而作为老板，似乎更珍惜自己的面子，很在乎员工对自己的态度，往往以此作为考验他们对自己尊重不尊重的一个重要"指标"。

面子之所以如此重要，根本原因在于它们与老板的能力、水平、权威性密切挂钩。得罪老板与得罪同事不一样，轻者会被老板批评；遇上素质不高、心胸狭窄的人可能会大骂一番，打击报复。

维护老板的面子，可以从下面几点入手：

1. 老板理亏时给他留个台阶下

老板也是人，不可能总是正确的，但又都希望自己正确。所以没有必要凡事都与他争个孰是孰非，得让人处且让人，给老板台阶下，维护一下老板的面子。

2. 老板有错时不要当众纠正

如果错误不明显无关大碍，其他人也没发现，不妨"装聋作哑"。如果老板的错误明显，确有纠正的必要，最好寻找一种能使他意识到而不让其他人发现的方式纠正，让人感觉是老板自己发现了错误而不是下属指出的，如一个眼神、一个手势甚至一声咳嗽都可能解决问题。

3. 给老板争面子

聪明的员工并不是消极地给老板保留面子，而是在一些关键时刻给老板争面子。

战国时，赵国被强大的秦国打得落花流水。平原君赵胜奉"老板"赵王之命，去楚国求兵解围。平原君是赵王手下的"员工"，但他同时也自封老板，养了很多门客（据说有三千之众）。平原君挑选20个门客去了楚国，楚王却只接见平原君一个人。两人坐在殿上，从早晨谈到中午，还没有结果。在大多数门客干着急时，一个叫毛遂的门客大步跨上议事大厅台阶，远远地对着他的老板平原君大声叫起来："出兵的事，三言两语就可以说明白，为什么议了这么久还没有结果？！"楚王非常恼火，呵斥道："赶快退下！你没看到我在和你的老板讨论大事吗？"毛遂见楚王发怒，不但不退下，反而又走上几个台阶。他手按宝剑,说:"如今十步之内,大王性命在我手中!"楚王见毛遂那么勇敢,不敢再呵斥他,只得听毛遂讲话。毛遂就把出兵援赵有利楚国的道理,作了非常精辟的分析。毛遂的一番话,说得楚王心悦诚服,答应马上出兵。平原君非常高兴地回国复命。几天后,楚、魏等国联合出兵援赵。秦军撤退。毛遂在关键时刻不光为他的老板平原君长了脸,还做了实事,老板哪有亏待他的道理?平原君回赵后,待毛遂为上宾。做员工能做到门客毛遂的境界,没有老板不欣赏、不看重的。

让老板心甘情愿喝"苦药"

老板不是万能的,老板也并非完全正确。当他们做出错误的决定或者他们自身存在一些明显的缺陷影响到团队的发展时,员工特别是能够对老板施加影响的骨干员工应该怎么办?

如果是愚忠型的,明知老板的命令不正确也忠实地执行,最后可能是失职。因为做下属的没有及时阻止上司的错误行为。如果从整个团队利益出发不惜牺牲自我的利益,誓死抗争,这种做法难能可贵,可是,把老板置于不利的地位。如果联合其他下属直接干预老板的错误决定,就是一种越权行为,是最不可取的。因此,在自己的职责范围内,既要巧妙地对老板决策施加影响,又无越权之嫌,能收到良好的效果,确实需要讲究一定的艺术手段。

要想说服他们必须懂得狮子头上拔毛的技巧。虽然该说的话不能不说,根本利益不能牺牲,原则不可抛弃,但是关系也不可弄僵,彼此之间要和气,如果红了脸彼此动气的话,实际上已是关系破裂、矛盾激化的兆头,一旦出现这种兆头,你要再说服他恐怕就难上加难了。

给老板提建议或忠告的效果如何,取决于你行事的方式,取决于你是否在正确的时间、地点,以正确的方式做正确的事情。要根据他们的地位、权威,甚至他的性格爱好、心情等,对症下药。而且这种苦药还要下在糖水中,让他先尝一点甜头，类似于家长在哄劝小孩子喝药时用的办法，相信这样比直接让他喝苦药效果要好得多。

有些员工可能会不明白，老板可不是小孩子，他是成人，有着成熟的心理，智慧的眼光，他明白苦药能治病，为何还要下在糖水中呢？不是多此一举吗？

"良药苦口利于病"这种道理老板虽然懂，可是毕竟难以下咽啊！下属是被领导的，现在居然居高临下领导自己，即便下属的道理是正确的，他们接受起来脸面上也感觉过不去。那样，下属的意见也得不到很好的反馈。因此就需要员工在给老板提建议的时候，采取在糖水中下苦药这种技巧性的做法，变直接批评为间接批评，别让批评变成与老板继续交流的障碍。

（1）多正面，少负面

"多正面，少负面"包括两层含义：其一，要多从正面去阐述自己的观点；其二，要少从反面去否定和批驳老板的意见，甚至要通过迂回变通的办法有意避免与老板的意见产生正面冲突。

（2）多私下，少当众

作为下属向老板提出忠告时，要多利用非正式场合，少使用正式场合。这样做不仅能给自己留有回旋余地，即使所提意见出现错误，也不会有损自己在公众心目中的形象，而且不至于使老板陷入被动和难堪。

（3）赞美在前，要求在后

事先给老板一些赞美，让他心情愉悦的时候再巧妙地插入批评。此时他们就容易接受。

（4）旁敲侧击

一位经理的能力人所共知，可就是说话太武断，太生硬，很打击下属的士气，令下属无法接受。下属想帮助他改变这种情况，一天，下属在一本杂志上看到一篇文章是讲说话的艺术的，便把这篇文章拿给经理看，让经理醒悟后改变自己的说话方式。

但是经理看完后只是说"这篇文章写得不惜，拿下去让大家都读读"，对自己似乎没有对号入座。

此时，下属是这样做的：他接过经理的话说："是呀，我们公司的很多人说话就是太直接粗鲁了，人们都不好接受。那就照您的意见让大家传阅。到时，还请经理去给他们讲讲怎样说话才有艺术性。经理，您认为如何？"

听到下属这种明褒实贬的话，经理急忙打哈哈说："我哪有那么高的水平，我也属于不懂说话艺术的人，我自己还需要努力改进呢。"

瞧瞧，这位下属何等聪明啊！

因此要说服老板们并不难，关键是心态要正确，本着帮助他们改正错误的态度。其次，语言要温和，不要用教训式语气，这样的姿态就连自己的亲人都无法接受，何况老板？因此要从正面去阐述自己的观点，不要从反面去否定或批驳老板的观点。本来，老板作为犯错误的一方心情应该说是非常糟糕的，如果下属不管三七二十一，上来就给一棒子，他们会认为你是落井下石。相反，从关心他们的角度考虑，采取间接的方式、温和地指出错误或者缺点，不仅可以使他们意识到错误，还可以换来他们的好感。他们会认为这样的员工才是真正为自己考虑、为企业考虑的忠诚员工。

和老板保持步调一致

和老板保持步调一致，是员工与老板实现双赢的重要途径。如果你的老板总抱怨你不灵通，交代多少遍都不明白，那么你就有必要检讨自己，在领悟力上多下功夫，否则你将很难摆脱老板折腾你的魔咒。

身为下属，脑筋要转得快，要跟得上老板的思维，这样才能成为老板的得力助手。为此，你不仅要努力地学习知识技能，还要向你的老板学习，这样才会听得懂老板的言语。他说出一句话，你要能知道他的下一句话讲什么。也就是知道他的心思，跟得上他的思维。如果你不去努力学习，你的老板想到20公里了，你才想到5公里的地方，你跟他的差距就会越来越大，他是没法提拔你的。

也许"察言观色"这四个字听起来不大顺耳,但是在办公室里学会"察言观色"绝对会令你受益无穷。千万不要把坐在那间办公室里的老板想象成不食人间烟火的圣人,推断他"应该"怎样怎样,指望他随时都会客观公正,你要做的就是在完成工作的同时留意他的脾气秉性、喜怒哀乐。比如,你的老板在下午特别易怒,就尽量争取在上午向他请示工作,而在午饭以后和他保持距离。

与老板谈话时,要懂得察言观色,当然这并非一种讨好术,而是作为聪明下属的明智。不要光顾着自己侃侃而谈,要懂得留时间给对方说。如老板脸色不悦或沉默不语,那就要想想是不是自己的言辞激烈了,能否换种委婉的措辞方式。如果老板抬手看表,那你不妨征询一下是否需要改约时间。谈话过程中,不要擅自打断老板的话,应耐心听对方说完,再发表自己的意见。

插话也不宜过多,应尽量简明扼要。如果中途老板接听电话,从声调、语气你应及时判断是否要回避,如需要可暂时出去一下。和老板持不同意见时,别急着争辩,应整理好思路,有条不紊地说。

在碰到老板情绪激动时,你不必硬顶,免得发生更大的争执,应等到对方情绪稍平和时,再表明意见,这样事情才会有可能向好的方面转化。总之,和老板交谈应掌握做下属的分寸。

另外,个人的礼貌修养也应表现出来,不要让老板觉得你举止随便,说话跟"愣头青"似的;应当通过交谈过程中的一些细节,反映你的才干与素养,从而使老板更加认同你、重视你。

通常情况下,上司或者老板碍于身份,许多话无法直截了当地说出来,如果你是一个有心人,通过察言观色,充分领会出他的潜台词,肯定会获得老板的认可。

与老板步调一致是一个职场中人获得老板的赏识不可或缺的法宝。要想把握老板意图,与老板做到步调一致,你必须学会察言观色,要让自己的行动跟得上老板的思维。

与老板和谐共处是发展的关键

在企业中，有些人工作很卖力，能力也很出众，可是始终得不到老板的重用，很难得到升迁，为什么呢？也许是因为他们处理不好和老板的关系吧。

在和老板相处的过程中，有些人性格直率，往往仗着和老板关系亲密或者自己能力突出，老板离不开自己等，说话时会口不择言。特别是感到自己受到委屈时往往会一吐为快。结果，在自己看来无关紧要的话就有可能在听者的心田划开一道无法愈合的伤口。其结果不是说到了对方的痛处就是让对方下不来台。

老刘在单位工作了十几年。他自持有一定的工作经历，又是小老板的长辈，因此，处处显示自己"威武不能屈"的骨气。

一次厂长说了他几句，他当场就在厂长办公室里拍了桌子。"什么东西嘛，俺进厂子时，你小子还不知道在哪儿混呢。连你老子都要买我的账，你个小毛孩懂什么？"结果，厂长听到后，认为他太桀骜不驯，不把自己放在眼里，以后找理由辞退了他。

人际交往的基本原则是：平等与相互尊重。员工在和老板的交往中，更要懂得这个规则。如果只顾发泄自己的情绪，不给他们留情面。这样做就是挑战老板的权威，老板当然无法忍受。

虽然老板在用人方面会特别看重一个人的能力，可是，老板更乐意任用那些既有能力又能和自己愉快合作的员工。这样有利于管理和沟通。而且和这样的下属在一起工作，老板也会感到心情愉快。

如果我们站到老板的角度来思考一下，就会理解这一点。试想，老板本来工作繁忙，难道还会故意找那些相处不愉快的人在一起共事吗？

另外，和老板和谐相处可以给老板留下好印象，这样就有利于以后的晋升和重用。因为人们大脑的机制往往是感情用事的。老板任用员工的时候，也很难保证任何时候都会完全按照理性办事。

对自己喜欢的员工，老板通常的评价一定会很好，而对自己不喜欢的员工，即使他做得不错，也难以得到老板的肯定。如果让老板想起来都头疼，没有好印象，何谈重用呢？

员工应该好好反省，自己的处事方式是否恰当，是否在这些方面有什么让老板不满意的地方。如果有就要加以改进，否则，老板是不会把你列入升职的人选。

看看那些在公司中受老板重用的人，他们大多都懂得和老板和上司和谐相处。他们懂得，只有让领导感到相处愉快，他们才会帮助自己，指导自己。在他们的帮助下，才能不断提升自己的能力。

家和万事兴，企业就是一个大家庭，也需要员工和老板和谐相处。想一下，老板是帮助我们成长的人，员工能力的提升离不开企业这个大平台。在不同的岗位上，员工的能力都得到了不同程度的锻炼和提升。

虽然，在员工和老板之间，矛盾和冲突总是避免不了的。但是，为什么不能用一种双方都能接受的方式来进行沟通和批评呢？员工和老板并不是势不两立的死对头。虽然在人格上员工和老板都是平等的，可是在企业这个大家庭中，在工作分工上，员工需要服从和配合老板。这样，企业才能有序运转。老板是领导，是权威的代表，员工需要服从他们的领导。如果对老板横挑鼻子竖挑眼，横竖看不惯，连和谐相处都无法做到，更谈不上合作，谈不上执行和服从。

员工与老板之间，只有和谐相处才能愉快合作。因此为了让企业这个大家庭兴旺发达，还是互相多体谅一些，即便双方有一些缺点，也要多一些宽容，多一些理解，而不必睚眦必报，激化矛盾。那样不但会损害身心健康，对个人和企业的发展都是不利的。

当然，和领导和谐相处并非指一味奉承领导，溜须拍马，而是在有利于企业发展的前提下和老板愉快相处。只要双方的心情愉快，一切都会愉快。

第六章

与公司共命运

16年前一位程序员在2005年8月6日清晨醒来,惊讶地发现自己一夜之间成了千万富翁!他不是在做梦,梦在人睁开眼睛之后就结束了,而他的财富是在他睁开眼睛后才得知的。与他一起迅速致富的,共计8位亿万富翁、50位千万富翁和几百位百万富翁。他们中多数几年前还是学生。

缔造这场财富神话的,是一家叫百度的IT公司。因为百度在美国纳斯达克成功上市,股价疯狂上涨,持有百度原始股的百度人一举实现财富自由。

百度人齐心协力成就了百度,百度成功后成就了百度人。公司(企业)与人之间的关系,从来没有如现在般紧密过。公司每一个员工的工作投入,都与公司的兴衰荣辱攸关。反过来,公司的兴衰荣辱,又与每一个员工的回报攸关。一起把公司做大做强了,大家就都会有美好的明天。

公司是你的船

我们生活在一个人人创业的时代,但并不是每个人都能够成为老板。好在如今致富并非只有个人创业当老板的"华山一条路"。选中一家公司,跟定一个老板,做透一份职业,都有"大富大贵"的可能。我们前面说到的百度公司上市的案例,以及许多类似的例子,都说明了这一点。

对公司员工来说,只有公司发达,他才能够真正发达;只有公司赢利了,他的工资才能更加理想;只有公司做大了,他个人才能有更广阔的发展空间。如果没有公司的快速发展和利润的增加,丰厚薪酬只是无本之木、无源之水。

公司的成功不仅意味着老板的成功,同时意味着每个员工的成功。公司和你的关系就是"一荣俱荣,一损俱损"。只有认识到这一点,你才能在工作中赢得老板的赏识和尊重。

公司如同一条航行于惊涛骇浪中的寻宝船，老板是船长，员工是水手，一旦上了这条船，员工的命运和老板的命运就拴在一起了。老板和员工有着共同的前进方向，有着共同的目的地，船的命运就是所有人的命运！

1997年6月，当迈克尔·阿伯拉肖夫接管本福尔德号，担任舰长的时候，船上的水兵士气消沉，很多人都讨厌待在这艘船上，甚至想赶紧退役。

但是，两年之后，这种情况彻底发生了改变。全体官兵上下一心，整个团队士气高昂，本福尔德号变成了美国海军的一只王牌驱逐舰。

迈克尔·阿伯拉肖夫用什么魔法使得本福尔德号发生了这样翻天覆地的变化呢？概括起来就是一句话："这是你的船！"

迈克尔·阿伯拉肖夫对士兵说："这是你的船，所以你要对它负责。你要让它变成最好的，你要与这艘船共命运，你要与这艘船上的官兵共命运。所有属于你的事，你都要自己来决定，你必须对自己的行为负责。"

从那以后，"这是你的船"就成了本福尔德号的口号，所有的水兵都觉得管理好本福尔德号就是自己的职责所在。

现在，假定你是本福尔德号舰船上的一员，不管你是大副，还是水手，不管你是机械师，还是船舱底下的司炉工，想一想，你该怎样对待你的工作岗位。你是不是有责任、有义务照管好你的本福尔德号？其实不需要其他的理由，因为这是你的船。

同样，作为公司的一员，不管你是司机、推销员，是会计，还是库管员，也不管你是技术开发人员，还是部门经理，哪怕你仅仅是一名清洁工，只要你在公司这条船上，你就必须和公司共命运。你要和所有的公司员工同舟共济，乘风破浪，驶向你们的目的地。

只要你是公司的员工，你就是公司这条船的主人。你必须以主人的心态来管理照料这条船，而不是以一种乘客的心态而背离自己的责任。

记住：在这船上，你是主人，而不是一个乘客！

因为如果你是乘客，那么，对待公司的态度就会发生根本性的变化。一旦这条船出现问题，你首先想到的是自己如何逃生，而不是想办法解决问题，克服困难，渡过危机。

看过电影《泰坦尼克号》的人都会有很深刻的印象。当船出现了问题以后，乘客多是慌慌张张地逃生，而船上的工作人员呢，从船长到水手，都在有条不紊地开展各种救生的工作，或是发求救信号，或是放救生艇、救生筏，或是指挥各方营救妇女儿童先上救生艇。当能够实施的措施都用完了之后，船长则整理好自己的制服，回到他的办公室，与其他誓死恪守自己岗位的船员，安静地选择了与泰坦尼克号同生死、共命运！

当然，在现实中我们应当把公司设想为一条满载幸福和希望，开往充满阳光和鲜花的彼岸的船，无论你是什么职务，你和船长都是一样，一起担负着与舰船共存亡的责任。既然我们都是这条舰船上的船员，它是我们战斗和生活的地方，那么自觉地维护这条舰船，保障我们的生命不受到威胁，就是我们神圣的使命。

每一个公司都需要与公司共命运的人。"与公司共命运"应该成为每一个员工坚持的誓言。

与老板同舟共济

"同舟共济"语出《孙子·九地》："夫吴人与越人相恶也，当其同舟共济，遇风，其相救也，如左右手。"原意为同在一条船上渡水，比喻团结互助、同心协力、战胜困难。

企业如同一条大船，它需要所有的船员（员工）全力以赴把船划向成功的彼岸，同时这条船也承载它的船员（员工），避免他们掉入大海。大船一旦沉了，会有很多人失去工作，很多家庭的收入受到影响，没有人希望看到这样的结果。

在企业这条船上，老板就是船长。这个职位所给予他的不仅仅是权力和地位，还有责任，他要考虑船的航向，要避免船触到暗礁或冰山，要保障一船人的安全。因此，我们就应当与老板同舟共济，尽职尽责地完成自己的本职工作，最大可能地分担老板的压力，和老板一道，让企业这条船驶向成功的港湾。

和老板同舟共济，试金石不是"同甘"而是"共苦"。一听到公司遇到什么危机就打退堂鼓的人，是放弃了磨炼的机会，很难获得能力上的提高，同时也很难得到卓越的职业声誉与老板的极度信任。危难之时显身手，也更显"真情"——这里所谓的真情，是一种职业素养。

苦尽甘才来。一个能够时刻与公司共命运的人才能获得更多。假如你与公司同生死，共命运，公司会给你最大的回报。即便公司在你的努力之后还是回天无力，你的品质也会为你的未来赢得巨大的财富。

在中国的财富英雄榜上，史玉柱是一个大起大落、有着传奇和神话般经历的争议性人物。由于巨人的倒下，一文不名的史玉柱个人向朋友借了50万元，带领着十几名忠实的追随者于1998年转战江浙、东北，开始再度创业的艰辛历程，并在短短的几年里重新打出一片天地。史玉柱在总结自己能够东山再起的原因时，谈得最多的是他的核心团队，一支对他不离不弃的、和他一样去拼杀的团队。

"我身边的几个骨干，在最困难的日子里，好几年没有工资，他们一直跟着我，我永远感谢他们。脑白金问世之前，我吃不准，问他们：'行吗？你们觉得有戏吗？'他们总给我非常肯定的回答：'行，没问题，肯定行。'身边的几个骨干，在最困难的日子里，像'上海健特'总经理陈国、副总费拥军，好几年没有工资，他们一直跟着我。那时候，也是他们陪伴我爬完了珠峰。我永远感谢他们。"

对于史玉柱和他的团队来说，"巨人危机"或许是他们最大的财富，因为史玉柱从中得到的教训和对于自身的深刻认知，让他们在以后的创业中受益无穷。

试想一下：一支团队长期跟随某一领导者，在其最艰难的时候，团队依然坚如磐石，这个团队在成功之后，有形与无形的回报难道不会是巨大的吗？

笔者回顾史玉柱这段风云激荡的历史时，总是在想：是什么支撑了那些追随者无悔的脚步？是职业的素养吗？当然是，但也一定有对于史玉柱的极度信任——跟着他，一定有扬眉吐气的日子！

因此，在讨论"与老板同舟共济"这一话题时，我们难免要设定一个前提，那就是：你跟定的老板一定要对。当然，这个"对"的判断，只能由你自己来做。你要谨慎选择一个合适的公司，谨慎选择一个合适的老板。而当你选择一个公司并成为它的员工的时候，就意味着你从此与这个企业的命运牢牢地联系在一起。

公司是船，你就是水手，让船乘风破浪，安全前行，是你不可推卸的责任。一旦遇到了风雨、礁石、海浪等种种风险，你都不能选择逃避，而应该努力使这艘船安全靠岸。

你们身处同一个战壕

很多人认为，员工和老板天生是一对冤家。人们最常听到的是老板和员工相互间的抱怨，即使偶尔彼此关心一下，也让人觉得有点假惺惺的。人们常呼吁老板要多为员工着想，是出于有利于企业发展的愿望来考虑的，而员工似乎就很少有理由要为老板着想了。

但究其根本，老板和员工只不过是两种不同的社会角色，只是社会分工不同而已，这两种角色实际上是一种互惠共生的关系。

自然界中有许多互惠共生的现象。比如说豆科植物的根瘤菌，它本身具有固氮的功能，为豆科植物提供了丰富的营养，同时它又可以借助豆科植物获得生存的空间；再比如非洲的大象、犀牛等，它们身体表面往往会有一些寄生虫，一些鸟类等小动物也栖息在它们身上，以这些小寄生虫为食，同时，大象、犀牛也避免了寄生虫对它们的侵害，可谓互惠互利。这种一现象在自然界不胜枚举，在生物学中统称为共生现象。

老板与员工的关系也有异曲同工之妙。从社会学的角度讲，老板和员工是互惠共生的关系。没有老板，员工就失去了赖以生存的就业机会；而没有了员工，老板想追求利润最大化也只能是镜中花、水中月。

对于老板而言，公司的生存和发展需要员工的敬业和服从；对于员工来说，他们需要的是丰厚的物质报酬和精神上的成就感。从互惠共生的角度来看，两者是和谐统一的——公司需要忠诚和有能力的员工，业务才能进行，员工必须依赖公司的业务平台才能发挥自己的聪明才智。

在工作中，许多员工总是把老板和自己对立，认为老板和自己之间的关系就是雇佣与被雇佣、剥削与被剥削的关系，其中没有丝毫感情成分，只有利益的需求。

这样的心态必然加重老板和员工之间的矛盾和误会，随之产生的就是跳槽频繁、钩心斗角，人际关系成了大家最为关注的事情，本职工作倒变得无足轻重。这正是我们职业素养、敬业精神缺乏的表现。

也许，表面上看的确是这样，事实却并非如此。在激烈的竞争海洋中，暗流汹涌，变幻莫测。所有团队的成员都有共同的目标——成功抵达目的地。要想实现这个共同的目标，所有人都必须精诚合作，必须把自己当作这艘轮船的主人，因为沉船的危险时刻存在，沉船之后，死的不仅是"船长"，当然也包括所有的"水手"。

和公司一起成长

著名戏剧大师易卜生说："青年时种下什么，老年时就收获什么。"由此我想到的是，你在公司的土壤中种下什么，公司就会回报给你什么。

如果你愿意承担成长的责任，那么你就会获得成长的权利；如果你把公司的成长当成自己的责任，那么公司自然会为你创造成长的机会；如果你以积极的热情和全心全意的努力对待公司中的种种事务，那么你的事业、你的精神就会在公司中得到最了不起的进步；只要你的行为和态度切实推动了公司的成长，那么公司就一定会给予你相应的回报。

每位员工的进步都会推动公司的成长，当员工主动承担起推动公司成长的重任时，实际上就已经迈出了和公司一起成长、共同提高的脚步。善于成长的员工才是有价值的员工，成长是一种责任。唯有把成长当作一种责任，才能创造更大的价值，才能实现不断成长的目标。

我们可以看到这样一个有趣的现象：在一些大的知名企业任职的人，会很愿意提及自己供职的企业，甚至有时说起时带有炫耀性，因为这让他们感到自豪，觉得别人也会另眼相看；而供职不知名小企业的人，却羞于谈起自己的企业，他们觉得那不是一件令人愉快的事。

其实，真正让你自豪的不是企业的名头，而是这个知名企业的成功有你的一份努力和智慧，企业的知名度也为你增添了光彩；相反，尽管那些小企业的人羞于提及自己供职的企业，他们也同样为企业贡献了智慧，但他们总觉得低人一等的原因就在于，人才的价值是随着企业增值而增值，随着企业的贬值而贬值的。

韦尔奇为什么能成为世界商界的风云人物，那是因为通用公司是世界商界的风云企业；比尔·盖茨为什么能成为世界首富，那是因为微软强大的行业霸主地位。而这后面却是因为这些商界风云企业都拥有一流的人才，是这些顶尖的人才推动了企业的发展；反过来，企业的强大又为人才提供了优越的发展空间和丰厚的待遇。

对员工来讲，很多人一直在不懈地寻找适合自己发展的最佳平台，薪酬已不是他们考虑的唯一因素！为未来做准备，为成功打基础，要自信力，要成就感，发展、成长，已成为他们关注的重点！

作为一名员工，如果不能主动与公司同步成长，不但会使公司的发展受到制约，而且最终难逃被企业淘汰的命运。

实际上，与公司一起成长是企业和员工双方对彼此的一种心理期望，这就是美国著名管理心理学家施恩教授提出的一个概念——心理契约，其意思可以描述为这样一种状态：企业的成长与员工的发展虽然没有通过一纸契约载明，但企业与员工却依然能找到决策的各自"焦点"，如同一纸契约加以规范。即企业能清楚每个员工的发展期望，并满足他；每一位员工也为企业的发展全力奉献，因为他们相信企业能实现他们的期望。

所以，企业和员工之间应该建立这种和谐的心理契约，这有利于企业增加凝聚力，建立良好雇佣关系。构建员工与企业共同成长的心理契约，对员工来说，必须融入企业的文化。国际著名的战略发展研究机构兰德公司经过长期研究发现，以企业理念、企业价值观为核心的企业文化，是企业最核心的竞争力。他们还发现，优秀的企业文化在成功企业的发展过程中起着十分重要的作用。

一名员工如果能够很好地遵守这些原则，就能使自己的工作符合企业的长期目标，就能很快地融入企业，从而取得大的发展。微软对员工融入公司的企业文化的要求是十分严格的，微软前总裁比尔·盖茨说："熟悉本公司是每个员工的必修课，因为只有熟悉本公司情况，才有可能把公司情况介绍给你的客户，反之，必会引起客户的怀疑。"

"与公司一起成长"，这应是你刚入公司工作就应该明白的道理，你应该从一踏入公司就树立这样的意识，并在平常的工作中加以落实和贯彻。你要始终相信：你和公司是一体的。

公司得以持续发展的根本依赖是公司内部所有员工的共同努力和不断进步。每一个员工的进步都会推动公司的成长，每一个员工的努力都会为公司的进步增添一分力量，实现自身的进步和促进公司的成长是每一位员工义不容辞的责任，只有不断成长的员工才能为公司创造更大的价值。

站在公司的立场考虑问题

我们经常听到公司员工有这样的说法:

我这么辛苦,但收入却和我的付出不成比例,我努力工作还有必要吗?

这又不是我的公司,我这么辛苦是为了什么?

公司推行各式各样管理我们的政策,这表明公司根本就不信任我们。

公司与员工经常会有冲突,员工常常感到公司没有给予自己公正的待遇。其实,产生这样的想法是因为你和公司所处的角度不同。公司的老板希望你比现在更努力地工作,更加为公司着想,甚至把公司当成自己的事业来奉献。而你站在员工个人的角度来考虑问题,你自认为已经很努力了,工作占用了你大部分的精力和时间,但公司只给了你不相称的待遇。

你可能感慨自己的付出与受到的肯定和获得的报酬并不成比例,但是你必须时刻提醒自己:你是在为自己做事,你的产品就是你自己。

在这里,我们提出的理念是希望员工学习站在公司的角度思考问题,换个角度,你得出的结论就会不同。如果你是老板,一定会希望员工能和自己一样,将公司当成自己的事业,更加努力,更加勤奋,更加积极主动。现在,当你的老板向你提出这样的要求时,你还会抱怨吗?还会产生刚才的想法吗?

我们没有必要把自己的想法强加给别人,但是却必须学会从别人的立场来看待问题,这样可以避免很多不必要的冲突。

从公司的角度出发,将公司视为已有并尽职尽责完成工作的人,才是老板真正器重的人,是终将获得成功的人。

很多情况下,你的老板就代表了公司,你不要抱怨公司对你的不公,抱怨上司不给你机会,而要积极主动地寻求改变。从自身出发,尽职尽责完成工作,并站在公司的角度,发现公司需要怎样的员工,进而使自己变得对于公司、上司不可或缺,无可替代。这样的你不仅自身对于公司更有价值,而且使公司和个人双赢，这才是优秀员工应有的表现。因此，站在公司的角度，我们要经常地问自己下列问题：

（1）如果我是老板，我对自己今天所做的工作完全满意吗？

（2）回顾一天的工作，我是否付出了全部的精力和智慧？

（3）我是否完成了企业给自己、自己给自己所设定的目标？

（4）我的言行举止是否代表了企业的利益，是否符合老板的立场？

站在公司的角度看问题要求我们能够坦率沟通解决问题。

很多时候，沟通的不顺畅为我们带来许多不必要的麻烦。你不知道你的老板希望你做什么，不知道公司需要你成为怎样的员工。沉默不能带来顺畅的沟通，更无法让别人知道你或为你带来机会。

老板的立场代表着公司的利益，你要学会从公司的角度看问题，就要主动找你的上司或老板，了解他们需要怎样的员工，他们最希望你做些什么。积极主动地改进你的工作，你会发现不仅是你的工作改变了，同事、上司、老板对你的看法也改变了，你离成功更近了，你对于老板变得不可替代了。

有时，无须老板一而再再而三地告诉你要做些什么，你可以主动调整你的工作，在完成本职工作的基础上，向更高的工作目标挑战，熟悉更多其他的工作。当你完全能够胜任更好的工作时，你获得成功的概率也会大大增加。当你的工作态度改变，你对于老板的重要性改变时，你的人生也将随之改变。

把公司利益放在第一位

公司是大家的生存平台，个人利益不能与之发生冲突，一旦发生冲突就必须在理解的基础上以公司为重。这样做的原因是：当大家的生存平台被破坏之后，个人的利益根本无从谈起。

一个优秀的员工首先应该是视公司利益为第一的人。任何时候，他都保守公司的商业秘密，决不出卖公司的利益。他不会为了工资的高低而对工作敷衍了事，也不会对工作任务沉重而有任何怨言。

在正常情况下，大多数员工都能够做到以公司的利益为先，但是当公司的利益和个人的利益冲突时，当坚持公司的利益可能给个人带来潜在的损失时，你是否还能够坚持以公司利益为先？

对于一名时刻站在老板的立场上考虑问题的员工来说，时刻以公司利益为先已成为他们的一种高度的自觉，可以说，他们正是那些真正把像老板一样思考的工作理念落到实处的人。

在公司中我们经常遇到这样的情况，你本应当站在公司的立场上说出自己的想法和见解，或是你本应该从公司的利益出发来实施某些措施，然而因为你的立场和措施可能会改变公司长期存在的一些习惯，甚至触犯了他人的既得利益，所以你不得不放弃自己的立场，取消措施。甚至可能你就是那个因为不愿意改变现状或不愿意失去现有利益而反对某些好的措施的人。

无论是被动的妥协还是主动的干涉，都不是一个优秀员工应该做的。

现代企业内部的矛盾很多，员工与公司的矛盾、员工与员工的矛盾、各部门和分支机构之间的矛盾，总是不可避免的。显然，如果企业内部的矛盾过于激烈，就会影响企业的整体利益，弱化企业的竞争力。实际上，不论是员工与公司的矛盾，还是部门之间的矛盾，归根结底都由人决定。

因此，要想避免出现内部矛盾，首先必须要求员工有广阔的胸怀，时时处处以企业的整体利益为重，而不是片面追求部门利益或个人利益。用一种宽容的态度，把握最为关键的矛盾，提出最有效最可行的解决方案。

最后，我们将一家公司员工使命宣言中有关公司利益为先的内容摘录如下，以供参考——

我承诺，即使公司利益与个人利益相冲突，我仍然站在公司的立场，以公司利益为先。

如果发现公司存在问题，或某项措施的实施有欠妥当，我能够及时将问题向有关部门反映，而不是首先顾及这样做是否会触犯他人利益。

如果公司中其他员工的言行客观上触犯了我的利益，只要他的出发点是以公司利益为先，我将表示理解，并诚恳地采纳相应的建议和措施。

我愿意积极推动各种有利于公司发展的变革，无论这些变革是否与我个人利益相冲突。我相信首要的问题是公司应该向什么方向发展，其次才是在这种变革中，我有能力获得什么样的机会。

第七章

做事最怕不到位

第五章
綜合評述與結論

据说刘永行先生到韩国考察了希杰集团的面粉加工厂后,非常震撼地发现:同样的生产线同样的产量,他的工厂需要的工人是西杰集团的6倍!而刘永行之前还为自己工厂的高效率而自豪——他的工厂效率在国内已经是佼佼者了。

刘永行在仔细地对比中韩工人的差距后,发现导致效率云泥之别的原因在于:国人做事做不到位!这种感叹,其实不仅刘永行有,许多企业经营者与管理者都有相同的感触。

将工作做得尽善尽美

在日本,流传着这样一个动人的小故事:

许多年前,一个妙龄少女来到东京帝国酒店当服务员,这是她的第一份工作,也就是说她将在这里正式步入社会,迈出她人生的第一步,因此她十分激动,暗下决心:无论什么工作,一定要干得尽善尽美!

然而让她想不到的是,上司安排她洗厕所!洗厕所这活儿说实话没人愿意干,何况她一个姑娘家,从未干过粗重的活儿,细皮嫩肉,喜爱洁净,干得了吗?

当她用自己白皙细嫩的手拿起抹布伸向马桶时,自己的胃开始翻江倒海,恶心得想呕吐却又呕吐不出来,太难受了!而上司对她的工作质量的要求却又高得吓人:必须把马桶擦洗得光洁如新!

她当然明白"光洁如新"的含义是什么,然而她真的难以实现"光洁如新"这个标准。为此,她陷入迷茫和痛苦之中。这时,她面临着人生第一步该怎样走下去的抉择：

是继续干下去，还是另谋职业？继续干下去——太难了！另谋职业——知难而退？人生的第一步路就这样以失败而告终？她是曾经下过决心的，无论做什么工作，一定要干得尽善尽美，如果就这样退缩，自己又很不甘心。

就在此关键时刻，同在一个单位的前辈让她重新振作起来。这个前辈的工作和她的一样，不同的是，前辈一遍遍地抹洗着马桶，直到抹洗得"光洁如新"；然后，她从马桶里盛了一杯水，一口气喝了下去，竟然毫不勉强！

实际行动胜过万语千言，前辈没有说一句话就告诉了她一个极为朴素、极为简单的真理：光洁如新，要点在于"新"，新则不脏，因为不会有人认为新马桶脏，也因为新马桶中的水不脏，所以是可以喝的；反过来讲，只有马桶中的水达到可以喝的洁净程度，才算是把马桶抹洗得"光洁如新"，而这一点已被证明是可以办到的。

看到这一切，她目瞪口呆，感到一种从身体到灵魂的震颤，她痛下决心："就算一生洗厕所，也要做到尽善尽美！"从此以后，她成为一个全身心投入的人，她的工作质量也达到了那位前辈的高水平。

几十年光阴一瞬而过，后来她成为日本政府的重要官员——邮政大臣，她的名字叫野田圣子。野田圣子的成功源于她坚定不移的人生信念："就算一生洗厕所，也要做到尽善尽美。"这一点使她拥有了成功的人生，使她成为幸运的成功者、成功的幸运者。

因此，在工作中，你要不断地对自己说："工作了，就要尽善尽美！"尽善尽美并不是说出来的，而要你真正地付诸行动。

要想使自己的工作尽善尽美，你至少应该做到以下三点。

1. 勤奋

勤奋是通往荣誉圣殿的必经之路。懒汉们常常抱怨，自己竟然没有能力让自己和家人衣食无忧；但勤奋的人会说："我也许没有什么特别的才能，但我能够拼命干活以挣取面包。"

2. 主动去做

所谓的主动去做，指的是随时准备把握机会，展现超乎他人要求的工作表现，以及拥有"为了完成任务，必要时不惜打破常规"的智慧和判断力。

其实我们身边那些被认为一夜成名的人，在功成名就之前，早已默默无闻地努力了很长一段时间。成功是一种努力的累积，不论何种行业，想攀上顶峰，通常都需要漫长时间的努力和精心的规划。

所以，如果想登上成功之梯的最高阶，你就要永远保持主动领先的精神，即使面对缺乏挑战或毫无乐趣的工作，主动也终能获得回报。

3. 用心去做

用心做好每件事，做每件事情都要用心，这是员工应该具有的职业道德。用心做与用手做不一样，只有用心做才能获得好的质量和效果，也才能不辜负客户和公司，工作中要牢记"不做便罢，做就做好"。

"用心去做"是一个严谨的工作态度，或者说，它是一个最起码的职业道德，也是职场最基本的要求。你可以能力低于别人，但如果你连用心工作都做不到，那你真的就已经面临很大的危险了。

我常听到一些企业的人力资源经理谈起选择人才的一些想法，给我印象最深的是，他们常常会说到这样一句话："一个人能力不够，公司可以对他进行培训，甚至送他去进修，加强培养来提高他的能力。但如果是态度不端正，那能力再强，对企业来说也是毫无意义的，因为他是不会把他的能力全部贡献在工作上的。"

其实，这个所谓的端正态度很简单，就是最基本的你要"用心"工作，而不是"用手"工作。所谓"用心"工作，就是凡事要认真。认真工作的态度，会为一个人的事业目标积累能量，同时，还会给公司、老板带来最大化的实际利益。因此，在每一个公司里，认真"用心"做事的员工都是老板比较青睐的。

尽善尽美是工作和生活的态度。也许我们尽力了却未必完美，但真正可贵的是你所形成和表现出的职业素养、工作精神。用追求完美的态度去做好自己的工作，让别人无可挑剔或不忍挑剔。这是我们在职场如鱼得水、游刃有余的唯一法宝。

正确做事更要做正确的事

当一群人竞争的时候，哪种人能获胜？当然是"错得少的人"！

在激烈竞争的职场中，工作的效率和效能是决定一个人成就的重要因素。当一切都在强调速度时，如何在最短的时间里找到问题的核心和切入点，是解决问题的关键所在。这其中涉及两个方面：一个是正确地做事；另一个是做正确的事。

管理大师彼得·德鲁克曾在《有效的管理》一书中简明扼要地指出："效率是'以正确的方式做事'，而效能则是'做正确的事'。效率和效能不应偏废，但这并不意味着效率和效能具有同样的重要性。我们当然希望同时提高效率和效能，但在效率与效能无法兼得时，我们首先应着眼于效能，然后再设法提高效率。"

简单地说，"正确地做事"强调的是一种做事方法，有了正确的方法，自然就有了效率。比如：如何安排自己的工作时间？那方法就是先把工作分出主次来，然后本着先主后次、先急后缓的原则开展工作，就要比毫无计划、遇到哪个做哪个、眉毛胡子一把抓有效率得多。

而"做正确的事"则强调的是在做事前要先做出选择，也就是说先要有一个正确可行的目标，其结果是确保我们的工作是在坚实地朝着自己的目标迈进。这就好比我们规划自己的职业蓝图，我们必须先选择自己要进入的行业，然后设定每一步需要达到什么样的目标，确定自己的最终目标是什么。

这是一个连续不断选择的过程。只有你的选择对了，也就是你做的是正确的事，那你为之付出的努力和心血才不会白费，它总是在一步步地接近你的目标。否则，如果一开始的选择发生了偏差，做的是错误的事，那所有的付出就真的付诸东流了。

有一些员工，常常出现这样的工作情况：一些人领到任务就埋头苦干，眉毛胡子一把抓，虽然投入了无比的热忱和很多的精力却总没有收效；一些人则自作聪明，漫无边际地做事，信马由缰，乱走捷径，自认为创新，殊不知其实都是瞎费工夫。

一位著名的哲学家说过这样一句话："人类所犯的愚蠢的错误中，最常见的一种就是，他们常常忘记他们所应该做的事情是什么。"反过来说就是，一个人在"有所为"之外，还需要具备"有所不为"的智慧和修养。一个人做事，首先应该知道自己应该做什么，这就是找到"正确的事"。找到了这个，然后就可以采用正确的方法去做了。

养成注重细节的好习惯

芸芸众生，能做大事的人与机会实在太少，多数人的多数情况是做一些具体的事、琐碎的事、单调的事，也许过于平淡，也许鸡毛蒜皮，但这就是工作，是生活，也是成就大事不可缺少的基础。老子曾说："天下难事，必作于易；天下大事，必作于细。"它精辟地指出了想成就一番事业，必须从简单的事情做起，从细微之处入手。

不要忽视细节，一个墨点足可将白纸污毁，一件小事足可使你招人厌恶。在激烈的职场竞争中，注重细节常会显出奇特的魅力，提升你的人格，增加你的绩效，博得上司的青睐，获得更好的机会。

细节本身往往就潜藏着很好的机会。如果你能敏锐地发现别人没有注意到的空白领域或薄弱环节，以小事为突破口，改变思维定式，你的工作绩效就有可能得到质的飞跃。

新闻系毕业的小宁终于如愿以偿，开始了她的记者生涯。然而工作仅一周，她就发现自己是部门里多余的人。部门的工作已被原有的三个人周密地分了工，他们各管一摊，根本没有自己插手的余地。

该怎么办呢？

同时分到其他部门的同学见她按兵不动，提醒她说："小宁，这是个凭业绩吃饭的时代，你可不能这样站着看，你必须厚着脸皮去抢。该撬的墙脚就去撬，该圈的地就去圈，这没什么大不了的。"

小宁听了思虑再三，仍决定不抢别人的饭碗。她细心观察，耐心接听编辑部的求助电话——这是谁都不想干的活。一个月后，她通过接听电话，得到了一条宝贵的信息。依据这个信息，她放弃了资深同事以"学校老师"为主体的采访路线，改走"学生家长"的路线，在科教文卫部首推"教育话题热线"，主持一个讨论性的栏目。这个栏目得到了一致好评，小宁由此在报社里站稳了脚跟。

能否把握细节并予以关注是一种素质，更是一种能力。对细节给予必要的重视是一个人有无敬业精神和责任感的表现，若能从细节中发现新的思路，开辟新的领域，更能表现出一个人的创新意识和创新能力，不管是前者还是后者，都是老板十分看重的。

细节之"细"，表现在琐碎与平常。具体来说，工作中的细节主要体现在以下六个方面。

1. 保持办公桌的整洁、有序

如果一走进办公室，抬眼便看到你的办公桌上堆满了信件、报告、备忘录之类的东西，就很容易使人感到混乱。更糟的是，这种情形也会让你觉得自己有堆积如山的工作要做，可又毫无头绪，根本没时间做完。面对大量的繁杂工作，你还未工作就会感到疲惫不堪。零乱的办公桌在无形中会加重你的工作任务，冲淡你的工作热情。

美国西部铁路公司董事长罗西说："一个书桌上堆满了文件的人，若能把他的桌子清理一下，留下手边待处理的一些，就会发现他的工作更容易些。

这是提高工作效率和办公室生活质量的第一步。"因此，要想高效率地完成工作任务，首先就必须保持办公环境的整洁、有序。

2. 不要把请假看成一件小事

不要随便找个借口就去找老板请假，比如身体不好，家里有事，孩子生病……这样既会让老板反感，而且还会影响工作进度，很有可能导致任务逾期不能完成。即使你认为工作效率较高，耽误一两天也不会影响工作进度，也不要轻易请假，因为你身处的是一个合作的环境，你的缺席很可能会给其他同事造成不便，影响其他人的工作进度。所以不要随便请假，能坚持就不要请假，更不要因为逃避繁重的工作或无关紧要的小事请假。

在公司里，有很多人一旦所负的责任较平时重，便会产生逃避心态。这可以理解但绝不被支持。更大的责任是提升一个人工作能力的绝佳机会，抓住它，你的业绩就会更上一层楼。

3. 办公室里严禁干私活、闲聊

在办公室里干私活是不对的。一方面是因为工作时间内，公司的一切人力、物力资源，仅属于公司所有，只有公司方可使用。任何私事都不要在上班时间做，更不能私自使用公司的公物。

另一方面，就员工个人而言，利用上班时间处理个人私事或闲聊，会分散注意力，降低工作效率，进而影响工作进度，造成任务逾期不能完成。

4. 在办公室把手机调到振动

上班时间不要随便接听私人电话，要记住你的手机的声音会让你身边的同事或上司反感，而别人反感的情绪又会直接影响你的工作情绪，最终导致个人乃至整个团队工作效率的降低。如果你随便接听私人电话，就会分散注意力，很有可能导致你对任务的认识产生偏差，进而使任务不能按期完成。

5. 下班后进行总结

下班后要静下心来，将一天的工作简单做个总结，制订出第二天的工作计划，并准备好相关的工作资料。这样有利于第二天高效率地开展工作，使工作按期或提前完成。离开办公室时，不要忘了关灯、关窗，检查一下有无遗漏的东西。

6. 适时关闭你的电脑

除非必要否则不要让电脑在上班时间一直开着，更不能借工作掩护上网、玩游戏、看电影。在工作时，热衷于做这些事，只会浪费你有限的时间和精力，增加你的工作压力感，提高绩效自然也就无从谈起了。最好的做法是：在做完当天需要用电脑的工作后就关闭电脑，控制自己上网、玩游戏的欲望。

没有借口、不打折扣地执行

据说当巴顿将军要提拔人时，他喜欢把所有的候选人排到一起，给他们提一个他想要他们解决的问题。他说："伙计们，我要在仓库后面挖一条战壕，240厘米长，90厘米宽，8厘米深。"他就告诉他们那么多信息。他有一个有窗户或有孔洞的仓库。候选人正在检查工具时，他走进仓库，通过窗户或孔洞观察他们。他看到候选人把锹和镐都放到仓库后面的地上。他们休息几分钟后开始议论他为什么要他们挖这么浅的战壕。他们有的说8厘米深还不够当火炮掩体。

其他人争论说，这样的战壕太热或太冷。如果候选人是军官，他们会抱怨他们不该干挖战壕这么普通的体力劳动。最后，有个候选人对其他人说："让我们把战壕挖好吧，至于那个老家伙想用战壕干什么是他的事。"

最后，这个候选人得到了提拔，巴顿说："我必须挑选不找任何借口、不折不扣地完成任务的人。"

老板都需要这种不找借口不打折扣去执行命令的人。不要用任何借口来为自己开脱或搪塞，完美的执行是不需要任何借口的。

无论你在公司的职位有多高，只要你不是老板或董事长，你就要谨记一点：老板的决定，哪怕不如你意，甚至与你的意见完全相反时，你只有建议的权利；而当你的建议无效时，你应该完全放弃自己的意见，全心全力去执行老板的决定。

诚然，老板的决策也有错误的时候，但这需要他自己尝到苦果时他才会承认。你既不能事先加以肯定或指责，也不要事后加以抱怨或轻视他的决定。你只能在执行时，尽可能地使这项错误造成的损失降低到最低限度，这才是你应有的态度。

刘备领兵伐吴，遭到"火烧连营七百里"的大惨败，这一军事行动的决策，是一项极为严重的错误，当时身为军师的诸葛亮，对刘备的这一决策，极不赞成，曾向刘备说明利害关系，希望刘备打消这一项决策。但是，刘备认为自己有非出兵伐吴不可的理由，本来他对诸葛亮一向都言听计从的，但这次他却坚持自己的决定，非出兵不可。

诸葛亮一看改变不了"老板"的决定，只得调兵遣将，做周详的安排，希望这次用兵能够虽无大功，至少不要损失太大。诸葛亮没有因为刘备不听他的劝告，而大闹情绪，袖手旁观。

刘备大败后，诸葛亮到白帝城去见他，只说这是"天意"，没有一点抱怨的意思。这种态度和做法，值得好好地去体会一番。

在执行时不但要把借口全部抛弃，同时，心中也不要有对立情绪。

每天多付出一点点

一位成功人士曾说："成功其实并不难，只需要你每天再多付出一点点。"

全心全意专注工作、尽职尽责完成任务对于成功来说，还是不够的。你还应该比自己分内的工作多做一点，每天多付出一点，比别人期待的更多一点，给自我的提升创造更多的机会。

"每天多付出一点点"的工作态度能使你的工作逐渐变得更加出色而从竞争中脱颖而出。你的老板、顾客甚至是竞争者会关注你、依赖你，从而给你更多的机会。

每天多付出一点，也许会占用你的时间，但是，你的工作会获得很大的不同，因为你会比别人积累更多的东西，如经验、技能、工作效率等。更为重要的是，你的行为会为你赢得良好的声誉，并增加他人对你的需要。

对于成功来讲，它是一个过程，是将努力和勤奋融入每天生活中的过程。

美国有一个叫亨利·瑞蒙德的人，他起初在美国《论坛报》做编辑，刚开始时的工资非常少，只能勉强糊口，但他还是每天平均工作13~14小时。往往是整个办公室的人都走了，只有他一个人在工作。"为了获得成功的机会，我必须比其他人做更扎实的工作，"他在日记中这样写道，"当我的伙伴们在剧场时，我必须在工作间里；当他们熟睡时，我必须在学习。"后来，他成为美国《时代周刊》的总编。

人生中有一个奇妙的定律，叫付出定律。它告诉我们，只要你有付出，就一定有获得，获得不够，表示付出不够，想要得到的更多，你必须付出得更多。

一个优秀员工仅是全心全意、尽职尽责为公司工作是不够的，你还要时刻提醒自己：我可不可以为公司、为客户多付出一点点呢？其实，每天多付出一点点并不会把你累垮，相反，这种积极主动的工作态度将使你更加敏捷主动，也可以给自我的提升创造更多的机会。

每天多付出一点点，能让你在公司里脱颖而出，这个道理对于普通职员和管理阶层都是一样的。每天都能多付出一点点，上司和客户都会更加信任你，从而赋予你更多的机遇。

看看身边，你会发现许多优秀的员工，这些人是公司的骄傲，是公司的财富。他们每个人都是很平凡的人，使他们显得与别人不同的原因，仅仅是他们愿意每天多付出一点点，一年365天，天天如此！

每天多做一点点，意味着什么呢？意味着改变自己——一件事情会影响一个人的命运，也许几件事情就会改变一个人的一生。只要你每天多做一点点，每一天能前进一个阶梯，作为普通员工的你也会达到成功，摘取满意的成果。

每天多做一点点，是聪明人的选择；每天少做一点点，是投机者的把戏。前者是主动掌握成功，后者利用运气成功；前者为长久的人生之道，后者为短暂的机会偶遇。

"多付出一点点"是你必须好好培养的一种心态，一种精神，一种良好的习惯，它是你成就每一件事的必要因素。多付出一点点，虽然要求你应不计报酬，不怕牺牲，但是，这种"多付出"绝不是白白付出，它最终必然会结成丰硕的成果，给你加倍的回报。

一位哲学家问他的弟子"知不知道南非树蛙"的故事。哲学家说："你可能不知道南非树蛙的事，但如果你想知道，你可以每天花5分钟的时间来查阅资料。这样，只要你持续不断地每天花5分钟的时间查阅相关资料，5年内你就会成为最懂南非树蛙的人，成为这个领域中的权威。到时候有人就会邀请你，听你对南非树蛙的讲解。"

优秀与平庸的差距，其实并不像大多数人想象的那样有一道巨大的鸿沟横亘在面前。优秀与平庸的差距在一些小小的事情上：每天比他人多做一点点，每天花5分钟的时间查阅资料，多打一个电话，在适当的时候多一个表示，多做一些研究，或者在实验室中多实验一次……

坚持不是一件容易的事，坚持每天比原来多做一点点更不是一件容易的事。坚持每天多做一点、做好一点，克服拖沓、马虎、等待、推诿和懒惰，积少成多，我们就会比别人做得更好、学得更多。

眼里要有事情

俗话说：不打懒的，不打勤的，就打那不长眼的。任何一个老板都希望自己的员工能够不用等老板交代，去做一些应该做的事情。如果你发现老板并没有要求你做这些事情，但你认为这样做会对公司有利，请务必提醒老板。哪怕你的提醒是错误的，老板也会喜欢，因为他需要这些。

事实上，每位老板心中都对员工有强烈的期望，那就是：不要只做我告诉你的事，运用你的判断力，为公司的利益，去做需要做的事。这一点每个员工都应该知道。

老板在下个月要去欧洲考察精密机床的项目，作为助手的刘先生在得知这个消息后，用工作的闲余时间搜集了大量相关资料，并经过合理的编辑做成电子文档。当刘先生在老板出发前半个月将这个文件交给老板时，老板惊喜的表情完全显露于外。老板一边在电脑上浏览一边连声赞叹："太好了，太好了，我正准备要你做这么一个报告，想不到……"

老板在考察之前一定对欧洲的市场有了一定了解，也许他真的"正准备"要刘先生做一个这样的报告，也许他忽视了这个问题——这样说只是一种自我的掩饰。不管怎么样，刘先生主动做报告的事情，一定让老板非常受用，即使他的报告价值不大。

如果不是你的工作，而你没等老板交代就去做了，这就是机会。有人曾经研究为什么当机会来临时我们无法确认，因为机会总是乔装成"问题"的样子。顾客、同事或老板交给你某个难题也许正为你创造了一个珍贵的机会。对一个优秀的员工而言，公司的组织机构如何，谁该为此问题负责，谁应该具体完成这一任务，都不是最重要的，重要的是如何将问题解决。

不要等老板交代，行动在老板前面。不要被动地等待老板告诉你应该做什么，而是应该主动去了解自己要做什么，并且规划它们，然后全力以赴地去完成。对于工作中需要改进的问题，抢先在老板提出之前，就把改革方案做好。这样的行动会深得老板的赏识，因为只有这样的职员才真正能减轻老板的负担。当老板知道你为他如此尽心尽力时，就会很自然地对你信任起来。

因此，我们不应该抱有"老板让我做什么"的想法，而应该多想想"不用老板交代，我还能为老板做些什么"。一般人认为，尽职尽责完成分配的任务就可以了。但这还远远不够。尤其对那些刚刚踏入社会的年轻人更是如此。要想取得成功，必须做得更多更好。一开始我们也许从事秘书、办事员和出纳之类的事务性工作，难道我们要在这样的职位上做一辈子吗？成功者除了做好本职工作以外，还需要做一些不同寻常的事情来培养自己的能力。

那么什么样的工作不需要老板交代也应该做呢？

1. 必须是对于公司发展有推动作用的工作

对于那些无足轻重的事情，不要打着"不用老板交代"的旗号为自己找借口，否则你的行为会适得其反。不但工作做不好，还有可能受到老板的批评，这样就会打击你的积极性。因此，你一定要考虑清楚你做的事情的确是老板最需要的，是公司最需要的。

2. 老板无暇顾及的但是又是势在必行的

老板不是全能的，因此他不可能事事照顾周全。尤其身处老板的位置，可能有些事情他也看不到。如果你能够以身作则，不用老板交代，就能够仔细思考哪些事情对公司的前途有好的影响，哪些有坏的影响，然后提出行之有效的工作建议，经老板同意就可以大胆去做。

是什么导致拖延

工作老是跟不上老板要求的节奏：周一要的报告，周三还没写；昨天要的报表，今天还在制作中……这样的员工如何不让老板火冒三丈？

员工似乎也有员工的理由：我手里的工作太多了，这份报告牵涉的资料面太广……总之，似乎原因都是客观的。而且，该员工也的确没有偷懒的嫌疑。

工作不能及时完成，不单是勤奋与能力的问题，还与时间的安排与统筹关系密切。

拿破仑·希尔曾引述莱肯和温斯顿二位的著作中关于支配工作时间的建

议，其大致内容如下：

找出你这一天、这一周和这个月要处理的工作，在一张纸上画出四栏，并在左上角贴上"重要而且紧急"的标签，在这一栏内填入必须立即处理的工作，并依次写下每项工作的处理日期和时间。

在右上角贴上"重要但不紧急"的标签，填入必须做但又不必立即处理的工作。如果认为这一栏的某项工作上升为"重要而且紧急"的工作，可以不必移到左上角的栏中，只要标明这项工作的处理日期和时间，自己清楚区分即可。每天审查一下这一栏的工作，以确保不会有工作变成"重要而且紧急"的项目。

左下角贴上"不重要但却紧急"的标签，在这一栏中所填写的，都是一些必须立即处理的琐事，诸如某人需要你的建议，有人要你马上去买一些小东西等。本栏的目的在于使你了解有些事虽然"紧急"却并不等于"重要"。

最后，在右下角贴上"不重要也不紧急"的标签，你当然可以让这栏一直空着，反正写在这一栏的工作，都是你可不必在意的项目，但本栏的目的在于告诉你事实上有许多事情是属于"不重要也不紧急"的项目。

在你的办公桌上通常会放着两种纸张：一种是有用的，一种是没有用的。你应赶快把没有用的纸都丢掉，并且绝对不要在桌上再看到任何没有用的纸张。

你用来处理那些有用资料的时间要尽可能得少。如果可能的话，你应该立即处理资料、阅读最新资料、签署授权书、写回函，等等。至于像杂志类的休闲阅读资料，应留在特定的时间来阅读。

如果你无法一次处理完文件，应在文件上方角落的位置点一个点，当再次处理该文件时，再点一个点，如此一来，你就可以清楚地了解你是分成几次来处理相同的文件，为今后改进提供参考。

此外，对于一份复杂的任务，你最好将其分割成一些小的任务，并根据总的时间分配好各个小任务的完成时间。从A地到F地的确很远，你可能感觉时间漫长，难以走到目的地。而如果你将整体时间分拆成"A→B""B→C""C→D""D→F"，强制自己在规定的时间里走完某一小段路程，各个小段累计下来你按时完成的可能性会大增。假设你在某一段路程实在因为客观原因超了时，也会心中有数而在后面的路程中将超出的时间弥补回来，以保证整体任务按时完成。

第八章
做问题的"杀手"

问题，问题，问题……一个又一个问题接踵而至。如果你不能解决问题，你本身就会成为一个问题。不善于解决问题的人，最容易被老板当作问题给解决掉。

人在职场，你要想让老板器重自己，就必须想方设法使他信任与欣赏自己。而要想使老板信任与欣赏自己，显露出高超的解决问题能力是一个最佳的方式。面对任何问题都能处之泰然并妥善解决，自然能使老板对你的印象深刻。善于动脑子分析问题并能妥善解决问题，给老板的印象是金钱买不到的。

要做问题的"杀手"，否则问题就会成了你的杀手。问题并不可怕，一个真正自信、想提升自己的人，不仅不会躲避问题，而且还会欢迎问题，挑战问题，解决问题。其实人的一生就是不断地解决一连串的问题的过程。在这个过程中，我们将问题踩在脚下，抬高了自己。

可以这样说：一个人解决问题的水平有多高，他的生存能力就有多大！查尔斯·克德林是美国著名的工程师和发明家。他在通用汽车公司实验室的墙上挂了一块牌子，上面写着："别把你的成功带给我，因为它会使我软弱；请把你的问题交给我，因为这样才能增强我。"

做问题解决者而非抱怨者

公司的运营本身就是一个挑战问题，克服问题，在问题中前进的过程。老板雇佣员工，毫无疑问就是希望员工能帮助自己解决问题的。能够敏锐地发现问题并干净利落地解决问题的员工，无疑是老板最欣赏的人。而那些只知道在问题面前诉苦、抱怨的人，最令老板反感。

抱怨解决不了任何问题，你所要做的是：想办法解决。办法总比问题多。世上没有办不成的事，只有不会办事的人。一个会办事的人，可以在纷繁复杂的环境中轻松自如地驾驭人生局面，把不可能的事变为可能，最后达到自己的目的。这关键是看你用什么方法，用什么技巧，用什么手段。

无论是在工作中还是在生活中，我们总会遇到这样那样的问题和困难，有的很容易解决，有的却看起来很难。面对这样的情况，有的人会知难而退，而有的人却会积极地寻找解决的方法，而且往往结果不会让他们失望。因为后一种人始终相信：方法总比问题多。

有一则故事，讲的是四个营销员接受任务，到庙里找和尚推销梳子。第一个营销员空手而归，他抱怨说庙里的和尚都没有头发，要自己去推销梳子的人简直是无聊之极。第二个营销员回来了，销了十多把梳子，他介绍经验说：我告诉和尚，头皮要经常梳梳，不仅止痒，还可以活络血脉，有益健康。念经念累了，梳梳头，头脑清醒。第三个营销员回来了，销了百十把梳子。他说：我到庙里去跟老和尚讲，您看这些香客多虔诚呀，在那里烧香磕头，磕头起来头发就乱了，香灰也落在头上，您在每个庙堂前面放几把梳子，他们磕完头，烧完香可以梳梳头，会感到这个庙关心香客，下次还会再来，这样一讲就销掉了百十把梳子。第四个营销员回来了，销掉了几千把梳子。他说：我到庙里跟老和尚说，庙里经常接受人家的捐赠，得有回报给人家，买梳子送给他们是最便宜的礼品。您在梳子上写上庙的名字，再写上积善梳，说是对对方的感谢，这样可以作为礼品储备在那里，谁来了就送，保证庙里香火更旺。这一下就推销掉好几千把梳子。

一则小故事带给我们很多思考。它告诉我们面对难题，超越自我，主动解决，是唯一的出路。自我限制是人生成功的最大障碍，阻止你前进的真正障碍就是自己。聪明的员工，敢于面对问题，超越自我，积极地寻找解决问题的方法，以"主动解决"的韧劲，全力以赴攻克难关。

应该看到，真正想办法解决了问题，是事实上真正前进了一步。而那些以为绕过问题一样可以达到目的的想法，最终往往被证明是徒费工夫的，最后还是得回到原来的问题上来，而这时已经失去了最好的时机，"聪明"反被"聪明"误了。

"办法总比问题多"不是一句简单的安慰和鼓励，而是确凿的事实。问题的关键在于：面对一个问题和困难，你是选择办还是不办。这个选择的背后，就是对利弊的权衡，对整体利益的考虑。如果想要达到目标，那就只能选择去办，因为逃避是解决不了问题的。

著名人际学家卡耐基曾经历过这样一件事：他曾租用纽约某家饭店的大舞厅，用来每季度举办一系列的讲座。

在某一季度开始的时候，他突然接到通知，说他必须付出比以前高出3倍的租金。卡耐基得到这个通知的时候，入场券已经印好，并且发出去了，而且所有的通告都已经公布了。

当然，卡耐基不想支付这笔增加的租金，也不想让那些准备来听讲座的人认为他是一个言而无信的人。他权衡的结果就是：讲座必须照常进行。但首要的问题是，先得和饭店经理协商好租金的问题。这是摆在面前亟待解决的问题。既然决定了要办，那就要找到解决问题的办法。只要用心去找，一定可以找到。于是，几天之后，卡耐基去见了饭店的经理。

"收到你的信，我有点吃惊，"卡耐基说，"但是我根本不怪你。如果我是你，我也可能发出一封类似的信。你身为饭店的经理，有责任尽可能地使收入增加。如果你不能这样做，你将会丢掉现在的职位。现在，我们拿出一张纸来，把你坚持要增加租金可能产生的利弊列出来。"

说完，卡耐基从公文包里取出一张纸，在中间画了一条线，一边写着"利"，另一边写着"弊"。

他在"利"的下面写下："舞厅空下来。"接着他说：

"你把舞厅租给别人开舞会或开大会是最划算的，因为像这类的活动，比租给人家当讲课场地能增加不少的收入。如果我把你的舞厅占用20个晚上来讲课，你的收入当然就要少一些。

"现在，我们来考虑坏的方面。首先，如果你坚持增加租金，你不但不能从我这儿增加收入，反而会减少自己的收入。事实上，你将一点收入也没有，因为我无法支付你所要求的租金，我只好被逼到另外的地方去开这些课。你还有一个损失。这些课程吸引了不少受过教育、修养高的听众到你的饭店来。这对你是一个很好的宣传，不是吗？

"事实上，如果你花费5000美元在报上登广告的话，也无法像我的这些课程能吸引这么多的人来你的饭店。这对一家饭店来讲，不是价值很大吗？"

卡耐基一面说，一面把这两项坏处写在"弊"的下面，然后把纸递给饭店经理，并对他说："我希望你好好考虑你可能得到的利弊，然后告诉我你的最后决定。"

第二天卡耐基收到一封信，通知他租金只涨50%，而不是300%。

显然，卡耐基找到了解决问题的办法，也因此达到了自己的目的。他权衡的结果是还在饭店举行讲座，所以，他必须找到办法说服饭店经理。他采取了换位思考的方法，从饭店经理的角度，阐述了举办讲座的利和弊，这使饭店经理更加认清了利是大于弊的，自然接受了卡耐基的建议。

同样，饭店经理也达到了自己涨租金的目的，他通过向卡耐基施加压力的方法，迫使卡耐基在一定程度上接受了他的意见，尽管只涨了50%，而不是300%，但目的也达到了，因为，他的目的是涨租金，只要涨就可以了。至于具体的数目，当然是多多益善了。

也许还会有很多的因素，左右你的决定，但起决定作用的还是你自己，你想去办，你就会想办法一个一个解决掉这些困难，因为，办法总比问题多！

不要逃避与推开问题

很少有问题能够自行消失，遇到问题就逃避的人，如同鸵鸟将头埋在沙子中一样愚蠢。而且，问题在很多时候还会因为不处理而恶化。除了逃避问题之外，工作上常见的消极对待问题方式还有推开问题——推给上司或同事。

一个人对待问题的态度可以直接反映出他的敬业精神和道德品行，在问题面前你所要做的是想办法解决问题，而不是逃避推卸，否则就会失去老板对你的信赖，看低你的道德品行，老板如果这样看待你，就不会再对你委以重任。

问题来临，不敢面对问题或将问题习惯性地往后拖延者通常也是制造借口与托词的专家，是逃避责任的表现。如果你存心逃避问题，你就能找出成千上万个理由来辩解为什么问题无法解决，而对问题应该解决的方法却想得少之又少。把"事情太困难、太昂贵、太花时间、问题太大"等种种理由合理化，要比相信"只要我们更努力、更聪明、信心更强，就能解决任何问题"的念头容易得多。

美国总统杜鲁门上任后，在自己的办公桌上摆了个牌子，上面写的英文翻译成中文是："问题到此为止"，意思就是说：让自己负起责任来，不要无视问题或把问题丢给别人。负责精神是解决问题的根本保证。

一个著名的企业家说："职员必须停止把问题推给别人，应该学会运用自己的意志力和责任感，着手行动以处理这些问题，真正承担起自己的责任来。"

在完成一项任务的过程中，如果遇到问题，千万不要逃避，更不要推给别人，你必须想办法解决它。很多人可能会说："这太难了，我根本没有能力做到这一点。""我没有这方面的经验。""我手头的权力和可调用的资源不足以把事情摆平。"但真的是这样吗？

很多时候，问题并没有我们所想的那么严重，只要我们不去寻找做不到的借口，不去想着推给别人，强迫自己去解决，我们通常都能很好地解决它。

一个人告诉心理咨询师，自己业绩差，处处遭白眼，可就是无法改善。另外，父母年纪大了，可自己工作忙没时间照顾，特别内疚。心理咨询师递给他一张纸，让他在纸上写下自己最想做却由于种种原因做不到的事。他便写下了三条：成为业绩最佳的员工；在五年内买一幢房子；每星期陪父母过周末。

写完后，心理咨询师让他大声地读一遍。他站起来读了，读得热血沸腾，心潮澎湃。读完后，心理咨询师让他在每一条愿望前面加上"我不能"三个字，再大声读三遍。读第一遍时，他感到心情沮丧；第二遍仍然理直气壮；而第三遍竟有些内疚的感觉。读完后，咨询师让他把每个愿望前的"我不能"改成"我不想"，再读三遍。

读第一遍时觉得有些滑稽，第二遍则若有所悟，第三遍时他听见自己的心灵在大声地说："不是你不能做到这些事，而是你不想！"读完后，咨询师又让他将"我不想"改成"我想"再读三遍，他读了，感觉像自己的心灵在发誓。读完后，咨询师又让他在每个愿望前加上"我能"读三遍。"我能成为业绩最佳的员工！""我能在五年内买一幢房子！""我能每星期陪父母过周末！"读完之后，他感到自己真的能够做到这些，所有的问题和阻碍根本就不值一提。

瞧，根本不是我们解决不了，而是我们不想解决。只要我们下定决心去面对它，我们就能轻而易举地把它解决掉。所以，遇到问题先别忙着把它扔出去，只要你冷静下来观察和分析，就能认清问题，并找到解决它的办法。

很多人在尝试了一两种办法失败后，便会产生把这烫手的山芋扔给别人的想法，并在心里安慰自己说："我已经想尽办法了，可解决不了，只能推给别人了！"事实上，仅尝试了一两种办法根本不是"想尽办法"，即使你已经进行了多次尝试，也并不一定真的"想尽办法"了。

一个孩子放学回家时发现家里没人，而自己又没带钥匙，进不去家门。于是他便尝试用其他的钥匙拨弄门锁，但失败了。后来他又企图从窗户爬进去，但窗子太高而且里面被锁上了。种种尝试都失败之后，他开始坐在门前的台阶上哭泣，并委屈地唠叨着："所有的办法都试过了，但都不行，怎么办呢?"

这时,他的邻居走了过来,并拍拍他的后背说:"孩子,你并没有尝试完所有的办法,你还没有向我求助。"说着,从兜里拿出一串钥匙:"你妈妈走之前,把钥匙放在了我家。"

我们总认为已经想破了脑袋,进行了所有的尝试,但事实上并没有,在你进行了多次尝试仍没有任何头绪的时候,你可以向同事或上司求助——请注意,是"求助",而不是把包袱丢给他们自己走掉。他们可能能够为你提供一个思路更加清晰的解决之道。

聪明的员工,要勇于面对问题,积极地寻找解决问题的方法。也只有这种敢于直面问题的员工,才是老板心目中值得栽培的人才。

机会存在于问题之中

日本狮王牙刷公司董事长加藤信三年轻时是公司的普通职员。一天早上,他用本公司生产的牙刷刷牙时,牙龈被刷出血来。他气得将牙刷扔在马桶里,擦了一把脸,满腹怨气地冲出门去。牙龈被刷出血的情况,已经发生过许多次了,并非每次都因为他不小心,而是牙刷本身的质量存在问题。真不知道技术部的人每天都在干什么!他来到公司,气冲冲地向技术部走去,准备向有关人员发一通牢骚。

忽然,他想起管理培训课上学到的一条训诫:"当你发现问题时,要认识到正有无穷无尽新的天地等待你去开发。"他冷静下来,心想:难道技术部的人不想解决这个问题吗?一定是暂时找不到解决办法。如果能解决它,情况会怎么样?这也许是一个发挥自己能力的好机会呢!于是,他掉头就走,打消了去技术部发牢骚的念头。

自此,加藤信三和几位同事一起,着手研究牙龈出血的问题。他们提出了改变牙刷造型、质地、排列方式等多种方案,结果都不理想。一天,加藤信三将牙刷放在显微镜下观察,发现毛的顶端都呈锐利的直角。这是机器切割造成的,尖利的棱角很容易导致牙龈出血。

找到了原因,解决起来就容易多了。改进后的狮王牌牙刷在市场上一枝独秀。作为公司的功臣,加藤信三从普通职员晋升为科长。十几年后,他成为这家公司的董事长。

时至今日,加藤信三仍然将那句影响他一生的管理训诫作为他的做事戒律,并把这句话传给了他的子女:当你发现问题时,要认识到正有无穷无尽新的天地等待你去开发。

对于所有为寻找机会而迷惘与苦恼的职场人士来说,最为可行的创造机会的方法就是解决目前所面临的问题。就像加藤信三一样,把问题解决了,机会就出现了。

我们正身处一个纷繁复杂的社会,它好比是侏罗纪公园,只有适者才能生存。人生如战场,试想一下,如果你身临战场,当你遇到困难和敌人时就赶紧后退,其后果如何?把事情做好,把问题解决掉,这不也是一种"作战"吗?因此,当你在自己的生活和事业中碰到问题时,与问题抗争实际上是正常的,也极有挑战性。我们的回答是:"战胜问题就是强者!"那么,靠什么心态去解决问题、战胜困难呢?应遵循一个原则——对于能够扭转局势的困难,绝不言退,发挥自己的强项!

碰到问题或困难绝不言退,发挥自己的强项,这里有两个方面的含义:做给自己看——一个人一生中不可能一帆风顺,事事顺心如意。碰到问题,这并不可怕,应把问题当成是对自己的一种考验与磨炼。如果遇难即退,是成就不了大事的;而事实上也是如此,因为闪躲、逃避,无法克服问题、提升自己,自然也只能做一些无关紧要的小事情了。

也许不一定能解决所有的问题,但在克服这些问题的过程中,智慧、经验、心志、胸怀等各方面都会有所成长,所谓"不经一事,不长一智",说的就是这一道理。

做给别人看——要让别人知道你并不是一个懦弱之人，一个胆小鬼。即使做事失败了，那样不怕问题的精神和勇气也会得到他人的赞赏；如果顺利地克服了问题，这就更加向他人证实了自己的能力！

此外，赢得老板"芳心"的机会，也在问题当中。没有哪一个老板不欣赏处事冷静、善于解决问题的员工。老板的事业需要这样的人，而且老板之所以能达到老板的位置，敢于直面问题、能够妥善解决问题正是其中的一个重要原因——这一点会让他有对你"惺惺相惜"的感觉。

所以，工作中遇到林林总总的问题时，不要幻想逃避，不要犹豫不决，不要过度依赖他人，要敢于出手，做出自己的判断。对于自己能够判断，而又是本职范围内的事情，大胆地去拿主意，不必全部请示老板。否则，那只会显得你工作无能，也显得老板领导无方。让问题在你那儿解决掉吧。

当周围的人们都喜欢找你解决问题时，你无形中就建立起善于解决问题的好名声，取得了胜人一筹的竞争优势，老板也知道你是个良才。

当你看见一个问题在向你走来时，你要大声地向它打招呼："你好啊，问题先生！谢谢你给了我磨炼的机会以及给了我显示本领的舞台！"

解决问题的基本思路

从思想上认识到"问题"有积极的一面，还远远不够，你还要从行动上有所展现——勇于挑战问题。要做到这一点并不容易，你首先需要掌握解决问题的科学思路。

1. 找出问题核心

开始时必须了解问题的所在，否则必定无法深入问题核心。有些人常常在定式思维的老路子上徘徊，做不了决定，原因就是没有找到问题的症结所在。

一个简单的例子，如果有人因为靴子磨脚，不去找鞋匠而去看医生，这就是不会处理问题，没有找到问题的核心。能够找出问题的核心，并简洁地归纳总结出来，问题就已解决一大半了。

2. 分析全部事实

在了解到真正的问题核心后，就要设法收集相关的资料，然后进行深入的研讨和比较。应该有科学家搞科研那样审慎的态度。解决问题必须采用科学的方法，做判断或做决定都必须以事实为基础，同时，从各个角度来分析也是必不可少的。

例如，现在有一个简单的问题，为解决这个问题就在备忘录上列出两栏，一栏列出每一种解决方案的好处，另一栏列出各种方案的弊端，同时把相关的事项全部记下。之后，就可以比较得失，作出正确的判断。

资料齐备有助于做出正确的决定。

3. 谨慎做出决定

在做完比较和判断之后，很多人往往马上就能做出结论。其实，下结论不必过早，试着把问题丢在一边，暂时忘掉。也就是说，在对各项事实做好评估之后，就要把它交给自己的潜意识去处理，让这位善于解决问题的"老手"，帮助自己做出最后的决定。

或许，新的判断或决定就会浮上心头，等重新面对问题时，答案已出现了。

这时，仍然不要立即行动。请冷静一下，现在应该考虑做个试验，由于经验的关系，潜意识所做的判断，还无法做到尽善尽美的地步。

4. 小型试验在先

在思考方案付诸实施之前，条件允许的话先做小型试验，以求用实践检验自己思考的正确性。

不妨先对一两个人或两三种情况做试验，如有不妥之处，要立刻修正。

经过以上的步骤，就可导入最后的决定。这样在无形中，就形成了一次思路清晰的思考过程。

将注意力集中在一点

你是否有时无法集中你的注意力,无法正确地思考问题,感到无法自控,困惑不安?你是否会对某些事感到害怕或担心?如果你需要清晰的思路来帮助你取得所期望的结果,你需要集中自己的注意力。

大多数人在思考一个问题时,大脑里都会想着另一些问题。我们不会完全地集中于此时此刻所发生的事上。我们的头脑每时每刻都在进行着交谈以及拥有各种各样的意识流。此刻你的头脑里正在进行着什么样的交谈呢?你把多少注意力集中于这本书上?你的思维是否已游离至别处?

如果你的思维不可控制地会转移到那些令人分散注意力或使人苦恼的事上(过去已发生、现在有可能会发生或将来会发生的事),那就说明你并没有把你的注意力集中于目前的问题,你的大脑在想一些其他的事。

注意力就好像一只被锁链套住的小狗,很容易为新奇事物所吸引。要将心思集中在解决问题的核心上是相当困难的,大多数人在顷刻间便让注意力飞离了问题的核心。

当我们在做判断时,整个心思必须停留在特定的问题上。因此,我们在思考某一问题时,应该采取措施保持注意力集中。

我们可以将与问题相关的因素全部写出。当我们拿出纸笔之际,应该已经全面了解了问题。我们该决定而未能作出决定的理由之一,就是深恐一旦实行了自己所作的决定会惨遭败绩。这个恐惧心理正是让我们迟疑不决的重要因素。一旦拿起笔纸,正视事情的存在,我们这种畏惧的心理就会自然消失。当我们消除了畏惧的因素之后,对于自己的决定也就不再存在疑惑了。

现实的恐怖,并不如想象的恐怖来得可怕。面对恐怖,越是了解其真面目,就越不感觉它的恐怖之处。

要如何决定才是正确的呢?如果连自己也不知道的话,我们建议不妨试着将可以衡量的相关因素全部写出来。只凭着空想而期望正确的思考结果是非常困难的，但只要将解决问题的想法写在纸上，便很容易集中精神作出正确的思考。

因此，我们应将注意力集中于第一目标上。在第一目标找出之后，应清楚地写在一张明信片大小的纸上，然后把它贴在自己容易看见的地方，譬如洗脸台旁、梳妆台镜子上等，甚至每天在睡觉前或起床后，便面对它大声念一遍。脑中有空闲的时候，也可利用来思考如何解决这件事情，并常常想象自己成功时的情景以鼓励自己。

如此持续一段时间之后，相信你会愈来愈感觉到自己正在走向目标的途中。但必须注意，这种方法肯定需要经过一段时间后才会显出它的效果，如果只做一两天，是不可能收到什么效果的。

此外，这种强化欲望强度的方法必须以积极的态度来做，否则就没有意义了，而且任何一丝消极的意念都有可能使它前功尽弃。若想经常维持强烈的欲望，信心是不可或缺的灵丹妙药。但话又说回来了，灵丹妙药服下之后，也还是需要一段时间才能遍布全身。

经过一段时间之后，通过你的思考，卡片上的文字逐渐产生了变化——原本困难的问题已经转变成清晰的解决问题的思路，这便奠定了你解决问题的基础。

解决问题的灵感何来

我们在前面曾谈及，在加藤信三未推出新式牙刷之前，牙刷总容易伤人的牙龈。如何解决这一问题，也不是没有技术人员攻关过，但大多是从造型、质地、刷毛排列方式等这些角度来研究与改进，效果很不理想。最后加藤信三用显微镜观察到了牙刷毛的顶端形状，才让他豁然开窍，研制出不伤牙龈的牙刷。

此路不通时，要学会寻找一条新的途径。在日常工作与生活中隐藏着许多解决问题的灵感，到底这些灵感从何而来呢？相信很多人都有个疑问：为什么别人能想出解决的方法，自己大脑却一片空白，想不出一点办法来？

要达到思如泉涌，平时就要训练自己多看、多听、多读及多思考，不断地动脑筋，才能从许多被忽视的信息中，想出不错的点子。

年轻时的毕加索独处异乡，穷困潦倒。因为没有名气，他一幅画也卖不出去。怎么办？靠卖画维生的他，不得不请画商帮他想办法打开销路。

这位画商是个相当聪明的人，他运用了一种类似反间计的点子：前往市内所有画廊，假装正在苦苦寻找一个名画家的画作。

画廊老板问他究竟想找哪位画家的画作，他回答是一名叫毕加索的画家，并且详细介绍毕加索的画在巴黎以外如何抢手，使得画廊老板觉得，有这样一位名画家，自己居然不知道而大为心惊，因而立即答应他一定会仔细寻找。

后来这位画商为了进一步挑起人们的胃口，更在报上刊登广告寻求买毕加索的画。

不久，毕加索的画果然成了抢手货，人们也真正认识到了它的艺术价值。这个方法使得毕加索在巴黎艺术界树立了很高的知名度，画商的策略占有不可低估的作用。

灵感是可以训练的，只要肯多看、多听、多读。尤其遇到新事物时，随时有"为什么"的想法是很重要的，因为让自己的头脑多思考，才能不断从单向思考中解放，摆脱原有的成见，想出各种不同的解决之道。

成功潜力在哪里？是自己的思考力。只要勤于思考，善于思考，将自己的思维调动起来，灵活运用，就能有属于自己的发展天地。

第九章
光做事不行还要做人

对于公司来说，当然最希望的是员工能"做事"。"做人"的好坏，似乎不应该是老板关注的问题。但在公司之中，往往会由于一个人不会"做人"，致使其与其他同事关系僵化或敌对，于是他在"做事"时得不到他人及时到位的协助而举步维艰。而且，不光他一个人的工作会出现问题，还极有可能影响到整个团队、整个公司的工作气氛，导致整体工作绩效下滑。

因此，我们完全可以这样说："做人"其实也是一种"做事"。作为公司职员，不光需要努力提高自己的做事能力，还要悉心提高自己的做人技巧。一个做事与做人的高手，是老板求之不得的人才。

在老板面前不失言

古人说：言必信，行必果。言必信，就是说话一定要讲信用，说了就要算数，就要落地，不要说空话、大话。特别是在老板和领导面前，自己做不到的事情，千万不要许诺；已经许诺的事情，就一定想方设法兑现。否则老板会感到自己受了捉弄，认为这样的员工不可信。

有些年轻人希望在老板面前表现一下自己的能力，有时候会无意中说出一些承诺，可是事后却发现自己并没有能力兑现。

一次开会的时候，公司新来的两个员工认为开辟一个新市场手到擒来，因此，在阐述自己的意见时，强调说按照他们的方法做一定会成功。销售经理看到他们如此自信，当即表示要他们俩拟出一份详细的销售计划书，表示要上报给公司总部。

这两位新员工没想到经理如此看重自己，欣喜若狂，认为自己的机会到了，要好好表现一番。

可是，新产品上市后，按照他们的计划书执行效果却很不理想，这令销售经理非常恼火。当公司追究责任时，这两位新员工一下子成了众矢之的，而任用他们的销售经理也受到了上司的批评。

这两位新员工就是不懂得在上司面前表现自己的艺术，把话说得太满、太死了。事情如果按照他们说的那样做，成功了当然会皆大欢喜，可是世界上万事万物都是在不断变化的。有时候，即便你认为十分有把握的事情，也会瞬息万变，最终无法实现。

他们也许认为这并没有什么，自己都是一片好心，老板也会原谅自己的无意过失。可是，老板不会这样看。老板作为决策者，如果他轻信了员工的承诺，并且任用了这样的员工，但没有得到预想的结果，那么就意味着他自己决策的失误，自己的形象和威望也会受到损害，对这个员工的印象自然就要打一个折扣。

在这方面，诸葛亮是个典型的例子。聪明智慧的诸葛亮因为轻信了马谡，失守街亭，自己也付出了沉重的代价。这不能不说是他一生中的败笔。因此，不论从自己的形象出发还是为领导的权威性考虑，说话都要深思熟虑，为自己留有可以周转的余地。

因此，员工在和上司、老板的相处中，要为自己留有一定的余地。一定要注意不要把话说得太大或者说死。在平时和老板的相处中，要做到说话一定要负责任，信守自己的诺言。比如，在单位中，领导就某项决策征求你的意见时，可以说："让我再考虑一下，之后回复好吗？"这不仅可以暂时为你解围，还会让上司认为你在这件事情上很用心。

如果提交自己的建议时别忘记加上一句话："这仅仅是我个人的想法，考虑不一定成熟，还要看领导的最终决定。"这样既表达了自己的看法，还体现了对领导的尊重。

一个聪明的员工要始终坚持"言必信，行必果"，对老板、对同事都应该讲一个"诚"字，掌握好说话的分寸。

营造良好的人际氛围

每一个现代的社会人都不是一个孤立的个人，他总会和周围的人建立某种关系，这种关系对每个人都有着莫大的帮助。尤其是在现代职场中，分工越来越细，合作已经成了关乎事业成败的关键因素，而合作之前就要与别人建立良好的人际关系。那么，如何去建立这种关系呢？

人际关系的形成是需要大家在一起互相接触，实现思想与感情的互相交流的。因为没有人愿意在繁华的都市里选择过鲁滨逊式的生活，这种交流也是人内在的一种需要，而这种需要的满足还是通过交流来得以实现的。

人际关系的建立是人内心的一种需要。良好的人际关系有利于营造良好、愉悦的工作气氛，使公司充满活力和生机，不仅提高了工作效率，而且可让工作中的人心情舒畅，这样的结果是管理者与员工都希望看到的。几乎所有的成功者在迈向成功的过程中都是在处理自我与他人的关系。作为一名企业的员工，谁愿意被人忽视呢？

在今天的企业中，管理者越来越重视合作的氛围。一个员工即使能力再出众，如果和周围的同事不能很好地相处，影响到公司的团队协作，那他也不是老板需要的人才，因为老板不会因为他而放弃绝大多数尽管不是很出众，却能够积极合作，维护企业稳定和集体荣誉的普通员工。

在一个企业当中，作为员工的首要任务就是快速融入集体，进入工作状态，尽快熟悉工作环境，掌握工作内容，与部门同事与上司团结一致，重视团队合作精神与集体荣誉感的培养。

在 IBM，每个人都在努力缩短人与人之间的距离，创造一个良好的人际关系氛围。小托马斯·沃森曾经说过："没有任何事物能够代替良好的人际关系，以及这种关系所带来的高昂的士气和干劲……良好的人际关系说起来很容易。我认为,真正的经验就是,你必须始终坚持全力以赴地塑造这种良好关系,此外,更重要的是,所有人必须形成一种团结的力量。"

有一个寓言,说的是严寒的冬天里,一群人点燃起一堆火。大火熊熊,烤得人浑身暖烘烘的。有个人想:天这么冷,我绝不能离开火堆,不然我就会被冻死。其他人也都这么想,没有一个人愿意离开火堆去寻找新的柴火。于是这堆无人添柴的火不久便熄灭了,这群人全被冻死了。

又有一群人点起了一堆火,一个人想:如果大家都只烤火不添柴,这火迟早会灭的。其他人也都这么想。于是大家都去拾柴,无人烤火,可是这火不久也熄灭了,原因是大家只顾拾柴,没有烤火,均陆续冻死在捡柴的路上,火最终因缺柴而灭。

又有一群人点起了一堆火,这群人没有全部围着火堆取暖,也没有全部去拾柴,而是制定了轮流取暖拾柴的制度,一半人取暖,一半人拾柴,于是人人都参与拾柴,人人都得到温暖,火堆因得到足够的柴源不住地燃烧,大火和生命都得到了延续。

我想用这个故事说明的道理就是:在任何组织和企业当中,要成为其中优秀的人必须具有良好的处理与协调人际关系的能力,或者说,就是要摆正自己在组织或团体中的位置,这是做好一份工作最基本的要求。

正确处理人际关系,形成相互合作、相互支持发展的良性互动关系,创造利己利人的双赢局面,这也是个人成功的关键。

但是,事实不总如想象的那么美好。人际关系需要身处其中的每个人不断地用心去经营,是否能建立良好的人际关系,关键在于自己的心态,坚持正确的工作态度,都会有良好的人际关系。

英国前首相霍姆曾经因为一个政策,被持相反意见的国会议员和社会舆论连续在议会和报纸上,大肆批评了一个星期,朋友对霍姆很同情,忍不住问他:"这种像轰炸机倾巢而出一样的报复行动,你怎么能够受得了呢?"

"还好我身上流着苏格兰人坚强的血液,"霍姆笑了一笑回答,"最重要的原因是每当我听到别人批评我的政策时，我一定会这样想：嘿！骂吧！这种广告宣传是不用花钱的。"

跟好心情一样，坏心情也能传染。想想今天办公室弥漫的糟糕气氛你是不是始作俑者：一大早在电梯上，你没理那"讨厌的家伙"；一上午你都在抱怨某个难缠的客户；别人无心的一句话，却被抢白……气氛就在这微妙的点滴中累积、膨胀，如果你是管理者，影响的范围还要扩大，程度还要加剧。

事实上，多数人际关系的问题都是每个人不愿反思自己的问题，看不到自己的局限，而只关注别人的毛病导致的。就像谁也不会把自己的缺点亮出来给人看，但却乐意攻击别人的缺点一样。所以，首先要做的就是检查自己的情绪，从自己的身上找原因。想想你在日常与同事的共事中，有没有表现出防范、排斥和过强的竞争意识？要记住每个人都是敏感的。

另外，人际关系失调，人与人之间信任度、接纳度变低，一个重要原因就是企业中员工个人安全感不强。这有如市场竞争激烈、员工压力太大等原因。企业实施目标化管理，重结果，轻过程，加上没有良好的沟通习惯，所以客观上导致人人自危，相互设防。但是安全感不强更与个人心态有关，比如对自己的能力不自信，甚至自卑，总担心自己会被别人打败，妒忌别人的出色表现，这种心态不克服，你再换环境也没用。

相聚是一种缘分，来自四面八方的我们，怀着共同的志向，相聚在一起，组成了一个相互紧密联系的集体。在工作中同事们之间相互帮助，密切配合，为一个个艰巨的生产任务而共同努力着，这种默契和协作以及在工作中形成的深厚友谊是我们的人生财富。

同事相处的黄金法则

同事之间相处融洽，大家心情愉快，是提高工作效率的重要保障，也是决定团队战斗力的重要因素。从时间上看，同事之间相处的时间甚至比和家人还长，彼此之间还有无所不在的竞争，所以，有摩擦是难免的。

与同事相处并没有太多的繁文缛节，但也不能大大咧咧地随心所欲。要知道，得到一个同事的认可也许要用数年的时间，而失去一个同事的认可却不用一天时间。下面是同事之间相处的法则：

1. 寒暄、招呼作用大

和同事在一起，工作上要配合默契，生活上要互相帮助，就要注意从多方面培养感情，制造和谐融洽的气氛，而同事之间的寒暄有利于制造这种气氛。比如，早上上班见面时微笑着说声"早上好"，下班时打个招呼，道声"再见"，等等。

另外，外出公差或工作时间要离开岗位办件急事，也最好和同事通个气，打个招呼，这样如果有人找时，同事就可告诉其你的去向。如果来了急事要处理，同事也好帮助处理。寒暄、招呼看起来微不足道，但实际上它体现了同事之间相互尊重、礼貌、友好的大问题。

2. 共事合作不能"挑肥拣瘦"

与同事们一起共同合作，切莫"挑肥拣瘦"，把脏活、累活、利少、难办的工作推给别人，把轻松、舒服、有利可图的工作留给自己；切莫同事们拼力苦干，你却暗地里投机取巧。这样他们就会觉得你奸猾、不可靠，不愿与你合作共事。同事之间只有同心协力，不斤斤计较，协同作战，才能共谋大业，共同发展。

3. 共事合作要有诚心

俗话说"人心齐，泰山移"，与同事共事一定要讲诚信，互相信任，互相支持，互相帮助。在同事面前莫耍花招，如果共事时貌合神离，心怀鬼胎，该出手相助时，却偏偏袖手旁观，甚至耍手段坑害同事，时间一长，必然会被识破，失去同事的信任，最后成为孤家寡人，一事无成。

4. 同事面前不要吹牛

同事之间能力大小总会有差异，如同十个手指有长短一样。如果你才华出众，能力强，办事效率高，在同事面前不要自高自大，盛气凌人。对于能力稍差的同事不屑一顾，只能招致他人的反感和抵触，因而失去与更多同事合作的机会，失道寡助，最后把自己置于孤立无援的境地。

5. 取得佳绩不要炫耀

工作中取得了成绩，心情感到喜悦和高兴，这是人之常情，但千万不可在同事面前炫耀卖弄。过多谈论自己的成绩、功劳，就会有抬高和显示自己，轻视或贬低他人之嫌。因为自吹自擂者，要夸的自己都夸了，别人还有什么可说的呢？要讲的也只有对你的"反感"了。

6. 不要苛求和挑剔同事

每一个人都会有自己的缺点和不足，工作和生活中总会出现一些过失，甚至错误，这是在所难免的。对于同事的过失和错误，要善于体谅和宽容。

人非圣贤，孰能无过？对于同事的过失和不足，只要不是原则问题，不影响大局，应该采取宽容和大度的态度去原谅别人，进行友善的帮助和提醒，这样才能赢得同事的友情。

7. 及时消除误解和隔阂

同事们长期在一起共事，接触的机会多，发生分歧和摩擦的可能也大。比如：做工作计划时意见有分歧；评先进时同事的观点不统一；对他人的优缺点评价不中肯，等等。有些矛盾是有意识中造成的，也有些摩擦和隔阂是不自觉下造成的。同事中出现一些误解和隔阂是难免的，也是正常的。

这些误解和隔阂的存在并不可怕，问题的关键是要及时消除误解和隔阂，不让矛盾和摩擦继续发展和恶化。误解要及时说明和解释，如不便说明或解释不清的，最好请其他同事帮助。

如果自己确有过错，就要及时赔礼道歉，赔偿损失，求得同事谅解。对于同事的过错，能谅解的尽量采取宽容态度。实在想不通的，也不要放在心里怄气，干脆开诚布公地找同事谈谈，只要注意说话诚恳，态度和善，事理充分，相信别人还是能够接受你的意见的。如果对同事中产生的误解和隔阂不及时消除，让其积压成怨，以后矛盾就难以解决了。当然，同事之间也就不好合作共事了。

8. 不搬弄是非

和同事相处不搬弄是非，这一点也是很重要的。比如有的人在老李的面前讲老张的不是，在老张的面前又讲老李的不是；还有的人喜欢搞道听途说，传小道消息。这样一来，同事间就会纠葛不断，风波迭起，搞得同事之间不得安宁。

因此如果希望同事之间相安共处，就不要搬弄是非，不该问的不去问，不该说的不去说。不要对一些同事论长道短，也不要对不清楚的事乱发议论，要加强品德修养。一个人应该养成在背后多夸赞别人的好处，少讲或不讲别人的坏处的习惯。

9. 关心同事，乐于助人

在生活和工作中谁不会遇到一些波折和困难呢？和同事相处，切忌"万事不求人"和"万事不助人"的错误想法。俗话说"天有不测风云，人有旦夕祸福"，谁能保证自己一生不会遇到意外和不幸呢？显然不能。如果你遇到意外的打击，同事对此不闻不问，本可以帮助你解脱困境而不予帮助，可以使你免受痛苦而不帮助你解脱，你会怎样想呢？

因此，同事之间要相互关心，相互帮助，特别是在同事危难之时，要伸出援助之手，扶助一把。比如，同事有病，身体不好，工作上尽量照顾一些；同事家里发生变故，你要及时伸出手，从物质及精神上给予力所能及的帮助。

把握好与老板的距离

作为一个员工，老板在很大程度上掌握着我们的发展命脉。升迁、加薪、培训等各种机会都掌握在他的手上，和老板搞好关系是每个员工都必须要做的事情。要和老板搞好关系，和老板保持适当的距离是很重要的。

有很多人诉苦，认为老板如"小人"：近之则不逊，远之则怨。和老板交往过密，会引起老板的不快，同事也会说你阿谀奉承。而如果对老板敬而远之，老板就不会了解你，老板不了解你，也就不会信任你，不信任你自然就不会重用你。

的确，和老板相处，过于亲密，往往弊大于利。其中的原因是显而易见的：老板和你的地位不同，关系过于亲密，就有一种平等化的趋势，这会扭曲和干扰上下级之间的正常关系。而且，与老板过于亲密，就容易让他失望。你越是亲近老板，他就越对你提出更高的要求。而你总有达不到的时候，这难免失去信用，而他也会因此对你感到失望。

两个人长期密切交往，对对方的缺点洞若观火，对你不是一件好事，偶尔言及老板的缺点，他一不高兴，可能会危及你的职业生涯。俗语说，仆人眼里无伟人，老板在某种程度上思想中将自己放在高处，而你和他过从甚密，他就难以进入角色，他会感觉不出那一份尊重。

另外，与老板过于亲密，也容易失去人缘。你把精力都用在和老板的周旋上，倘若同事们看不惯，你不仅会落一个"马屁精"的名声，招致同事的轻视和讨厌，甚至有些人还会故意去拆你的台。

所以，妥当的、危害性小的办法是走中间道路，即"和老板保持一定的距离"，既不引人注目，也不默默无闻；既让老板感觉到你的存在，但也不要让老板觉得你无处不在。

与老板保持适当的距离，应把握住以下几点。

1. 保持工作信息沟通，不打听个人生活问题

要注意保持工作上的沟通，信息上的沟通，一定的思想和情感上的沟通。

但要十分注意的是，不要打听和窥视老板的家庭秘密，不要去打听和泄露老板的个人隐私。对于老板在工作中的性格、作风和习惯，你可以去多侧面地了解，但对他个人生活中的一些习惯和嗜好则不必过分打听。

2. 只了解主要和必要问题

和老板保持相对的距离，还要注意掌握老板的主要意图。但不要事无巨

细，胡子眉毛一把抓。去熟悉他工作的具体步骤和方法措施，这样会使他如芒刺背，感觉到你的眼太明，耳太聪，会认为你碍手碍脚，不便于他实际工作的开展。

他是老板，你是员工，他肯定有一些事不想要你知道。你知道该知道的就行了，有些事不必去追根问底。所以，切忌不要成老板的"显微镜"和"跟屁虫"。那样的话，同事们是会用有色眼镜来看你的。

3. 注意场合

和老板保持相对的距离，还有一点要做到，这就是要注意区分不同的时间、场合和地点。有些事可以在私下谈，但在工作时间或公开场合，就应该有所收敛或者有所避讳，以免授人以柄。

4. 虚心而有主见

和老板保持适当的距离，要虚心接受老板对你的所有批评，但同时也应有自己的独特见解。倾听老板的所有意见，而发表自己的意见应小心谨慎，避免给人留下人云亦云的感觉。服从老板的指挥，但不简单驯服，否则他会认为你只能使用，而不宜重用。

5. 要注意接触频率

尤其是在老板不止一位的情况下，更要时常检查自己，有没有与某一位接触过于频繁，必须谨慎处之。如果工作之余经常与某一位接触，则容易引起种种不必要的猜测。你虽"君子坦荡荡"，但总有"小人常戚戚"，还是适当注意为好。

因此，你应当注意调节"频率开关"，寻找与接触较少的老板打交道的机会。从保持良好的人际关系角度看，这种感情上的"平衡"还是很必要的。

遭受误解后这样冰释前嫌

职场上，员工和老板之间由于沟通不到位产生误解的情况时有发生。如果你遭遇了这种情况，怎样解决呢？是向他们鸣冤叫屈吗？

那样做的话，老板很可能会认为你是给他难堪。很简单，你如果是冤屈的，老板不就成昏庸的人了吗？员工会怎样看老板？可是，不解释清自己就要背黑锅。此时，员工怎样才能澄清误解，与老板冰释前嫌呢？

小毕五年前还是车间的一名普通工人。后来书记看他能说会道，便顶着压力把他调到办公室，集文秘、公关于一身。其他员工看到小毕咸鱼大翻身羡慕不已。当然小毕也十分感激书记的知遇之恩。

两年后，在书记的推荐下，小毕被提升为工会主任。由于精明能干，很快就得到了经理的喜欢。小毕对书记也没忘记感激一番。

可是，没过多久，小毕忽然感到书记和他渐渐疏远了。一了解，才知书记和经理正在因为公司总经理职位明争暗斗。而书记怀疑小毕倒向了经理那边。

其实，引发书记对小毕误解的"导火线"很简单：在一个雨天，小毕和经理一起去总公司开会，走出楼道时正下雨，经理没打伞，小毕就主动给经理打伞。结果，这一幕被走在后面的书记看到了，认为小毕是故意巴结经理，因为当时书记也没有打伞。当时小毕没有向后看，于是，误解就此产生了。

以后，书记开始在许多场合对小毕明枪暗箭地攻击，说自己看错了人，说小毕是个忘恩负义的人。可怜小毕浑然不知发生的这一切。直到同事将那些话传到他的耳朵里，他才感到事情的严重性。

遇到这种情况，怎么办呢？小毕自有他的处理原则：

（1）让时间来检验

正所谓"路遥知马力，日久见人心"。既然书记说自己是忘恩负义的人，一定是自己在某一方面做得不好，如果自己辩解，书记肯定听不进去，因此还是让事实来说话，让时间来检验吧！

（2）不扩大矛盾

小毕知道书记误解了自己，但是他要化干戈为玉帛。因此，当一些不明所以或者不怀好意的同事在小毕面前说书记的坏话时，小毕极力劝阻。对于自己和书记之间的矛盾，小毕也是极力反驳，告诉对方根本没有这回事。他不想让矛盾扩大。

（3）公开场合注意尊重上司

每次，小毕都是主动和书记打招呼。不管书记怎样看自己，小毕脸上总是挂着微笑。有时因工作需要和书记一同陪客人时，小毕除了主动向书记敬酒外，还公开表达自己对书记知遇之恩的感激。书记听后十分欣慰。当然，小毕此举就是为了告诉大家自己不是忘恩负义之人。

（4）背后褒扬上司

小毕深知当面说别人好不如背后赞扬别人效果好。于是，他经常背后对别人说起书记对自己的知遇之恩，自己又是如何感激书记等，目的是让书记知道这些，更利于误解的消除。

（5）紧急情况补台

平时工作中，小毕若知书记遇到紧急情况，总是挺身而出及时前去"救驾"。小毕此举也是为了重新博得书记的好感，有利于书记心理平衡，消除误解。

（6）找准机会坦诚沟通

等到书记对自己慢慢有了好感以后，小毕利用同书记一同出差的机会，与书记坦诚沟通。书记最终被他的诚心打动，改变了自己的看法。

因工作与老板或者顶头上司发生冲突是员工可能遇到的事情。如果你与他们有冲突，那么你要做的是消除隔阂。如果是你错了，就要有认错的勇气，找出造成自己与他们冲突的症结，请求他们原谅，表明自己在以后工作中会以此为鉴，希望继续得到他们的关心。假若是他们的原因，你可以找个适当的时间和场合，以婉转的方式把自己的想法与他们沟通一下。这样既可以达到相互沟通目的，又可以给他们一个体面的台阶下，有利于恢复你们之间的良好关系。

总之，和老板发生冲突，他们对你产生误解后，不要在自己的心里酿积成愤怒的火苗，要想办法让不愉快成为过去。这不仅是为了自己的生存与发展而采取的明智之举，也是在向更多的人表示你的修养和风度。

办公室和谐之十大策略

1. 尊重别人的私人空间

在办公室里，私人空间是很宝贵的，必须受到尊重。"打搅了""不好意思"是有求于人或打断别人工作时必不可少的说辞。另外，谨记先敲门再进入别人的办公室，不要私自打开他人的电脑，不要私自阅读别人办公桌上的信件或文件，未经许可不可翻阅别人的名片盒。

2. 办公室礼仪

关于电话：若打进的电话里找的同事恰巧不在，你要记得告诉对方是否有什么需要转告，如果有，用笔记下来，记得在同事回来后立即交给他。或者，请对方留下姓名与电话。

关于复印机：当你有一大沓文件需复印，而在你之后的同事只想复印一份时，应让他先用。如果复印机纸用完了，谨记添加；若纸张卡塞，应先处理好再离开，如不懂修理，就请别人帮忙。

关于对话：除非必要，别打断同事间的对话。假如你已经打断，应确保原来的同事不被忽略。

3. 保持清洁

关于办公桌：所有食物必须及时吃完或丢掉，否则你的桌子有可能会变成苍蝇密布的垃圾堆。

如果有公共厨房，别将脏了的咖啡杯放在洗碗池内。此外，避免用微波炉加热气味浓烈的食物。若菜汁四溅，谨记抹干净后再离开。若你喝的是最后一杯水，请及时添补。

关于洗手间：如厕后谨记冲厕并确保所有秽物已被冲走；若厕纸用完，请帮忙更换新的；废物应正确地抛入垃圾桶。

4. 有借有还

假如同事顺道替你买外卖，请先付所需费用，或在他回来后及时把钱交还对方。若你刚好钱不够，也要在翌日还清，因为没有人愿意厚着脸皮向人追讨欠款。同样，虽然公司内的用具并非私人物品，但亦须有借有还，否则可能妨碍别人的工作。

5. 严守条规

无论你的公司对员工如何宽松，也别过分从中取利。可能没有人会因为你早下班15分钟而斥责你，但是，大模大样地离开只会令人觉得你对这份工作不投入、不专业，那些需超时工作的同事反倒觉得自己多余。此外，亦别滥用公司给你应酬用的金钱作私人用途。

6. 守口如瓶

即使同事在某项工作的表现不尽理想，也不要在他背后向其他人议论，说是道非最容易引起同事们的不信任。道理非常简单：当某同事在你面前说别人是非时，难道你不会怀疑他在其他人面前如何形容你？

上司通常极厌恶搬弄是非。若你向上司打小报告只会令他觉得你未能专心工作。假如上司将公司机密告诉你，谨记别泄露。

7. 切忌随意插话

别人发表意见时中途插话是一件极无理的事情，更影响别人对你的印象和你的信誉。在会议中（或任何别人发言的时候），请留心别人的说话。若你想发表意见，先把它记下，待适当时机再提出。

8. 别炫耀

若你刚去充满阳光的海滩度假回来，古铜色的肌肤非常明显，但不要在同事面前手舞足蹈气都不带喘地描述你愉快的假期；不要在尚单身的同事面前夸耀你那俊朗不凡的丈夫、体贴入微的妻子或恋人；也不要在肥胖的同事面前自夸"吃什么也不会胖"，那样只会令别人疏远你。

9. 多称赞别人

现在的人可能都很忙，对事情往往无暇做出正面的回应（例如说声"谢谢"或赞美的话语），忽略了这种简单有效却随时能令对方助你一把的言辞。这种简单的称赞，可能带给你不可估量的回报。

10. 别浪费他人时间

浪费别人的时间是最常见的过错，许多人之所以要把工作带回家，是因为只有这样才可在没有任何干扰下完成工作。

别写长篇大论的电子邮件，可在标题上显示"紧急"，内容也要务求简洁。别抱着电话不放，即使是公事，也要简明扼要；假如你和别人通话时，一个更重要的电话进来，应请对方先挂线，告诉对方迟些再回复他。

准时：对准时的人来说，要等待迟到的人开会绝对不是好事。

别烦扰上司：不要事无大小都请示上司。若真需要上司的帮忙，应先预备答案再寻求他的指引。

别多嘴：本来同事之间倾谈并无不妥，但也要自律。

同事之间有矛盾怎么办

一个人要想在工作中面面俱到谁也不得罪，恐怕是不可能的。因此，在工作中与其他同事产生某些冲突和矛盾是很常见的事，碰到一两个难于相处的同事也是很正常的。

同事之间尽管可能会有矛盾，但仍然不妨碍大家在一起工作。首先，同事之间的问题往往是由工作上的一些小事引起，而并不涉及个人的其他方面，事情过去之后，这种冲突和矛盾可能会由于人们思维的惯性而延续一段时间，但时间一长，也就会逐渐淡忘了。

所以，不要因为过去的小冲突而耿耿于怀，只要你大大方方，不把过去的冲突当一回事，对方也会以同样豁达的态度对待你。

其次，即使对方仍对你有一定的成见，也不妨碍你与他的交往。因为在同事之间的来往中，我们所追求的不是朋友之间的那种友谊和感情，而仅仅是为了工作，是共事。彼此之间有矛盾没关系，只求双方在工作中能合作就行了。由于工作本身涉及双方的共同利益，彼此间合作如何，事业成功与否，与双方都有关系。

如果对方是一个聪明人，他自然会想到这一点，这样，他也会努力与你合作。如果对方执迷不悟，你不妨在合作中或共事中向他点明这一点，以有利于大家在以后的工作中进一步合作。

有时，你与大多数人的关系都很融洽，而只与某个同事发生冲突，你可能会觉得问题不在于你这一方，甚至发现许多同事也和他有过不愉快的经历，于是，大家都不约而同地将矛头指向了那个人，所以，你会认为是他造成这种不融洽的局面。

但是你并没有多花一点时间去进一步了解对方，也没有创造一些机会去心平气和地与对方在一起阐述各自的看法，因而，由于相互缺乏了解和信任，互相的关系会不断恶化。怎样才能够改变这种局面、改善彼此的关系呢？

你不妨尝试着抛开过去的成见，更积极地对待这些人，至少要像对待其他人一样对待他们。一开始，他们也许会有所顾虑，认为这是个圈套而不予理会，一定要耐心些，你要知道平息过去的积怨的确是件费工夫的事。你要坚持善待他们，一点点地改进，过了一段时间后，相互之间的误会就会如同阳光下的水滴，一蒸发便消失了。

矛盾也许还有更深层的原因，他们可能会记起你曾在某些方面怠慢过他们，也许你曾经忽视了他们提出的一个建议；也许你曾在一些工作问题决策时反对过他们，而他们将这些问题归结为个人原因；还有可能你曾对他们的工作很挑剔，而恰好他们听到了你的话，或是听见了有一些人在背后的议论。

那么，你该做些什么呢？如果听之任之将是很危险的，它很可能会在今后形成新的矛盾和积怨。最好的方法就是主动去找他们沟通，并承认你也许不经意地做过一些让他们不舒服的事，表示抱歉。当然，这要在你做了大量的沟通工作后，且真诚希望与对方和好，才需要这样行动。

他们可能会客气地说，其实你并没有得罪他们，而且会反问你为什么有这样的想法。你可以心平气和地慢慢讲出自己的想法，并坦诚地表示如果你确实做了令他们生气的事，你愿意诚心诚意地道歉。持这种诚恳态度，一般人都会冰释前嫌的。

也许他们会告诉你一些问题，而这些问题与你心目中所想的并不一致，然而，不论他们讲什么，一定要听他们讲完。同时，为了表示你听了而且理解了他们讲述的话，你可以用自己的话来重述一遍那些关键内容，例如，"也就是说当时我放弃了那个建议，你觉得我并没有经过仔细考虑，所以这件事使你生气。"现在你知道问题出在哪里，而且可以以此为重新建立良好关系的切入点。

如果同事的年龄或资历比你老，你不要在事情刚刚发生的时候当面与他对质，除非事情很紧急。更好的办法是在你们双方都冷静下来后再解决。如果你确实做了一些错事并遭到大多数人的指责，那么你就要重新审视那个问题，确定是自己的错误后要真诚地主动道歉。

第十章
忠诚会令你更受器重

一说到忠诚，编者的脑海里总是浮现10年前史玉柱"败走麦城"时的情景：一个昔日的财富新贵，突然一贫如洗，事业垮了、钱包空了，手下的员工也大都树倒猢狲散……似乎一切都表明他是一个项羽式的悲剧英雄。然而，在他持戈独彷徨之际，还是有一些忠心耿耿的部下跟随着他易地而战，最终东山再起，摆脱了项羽式的悲剧结局。

创业是很困难的，一个失败的创业者东山再起更是难上加难。史玉柱却成功了，他的成功，离不开那群忠心耿耿的人。蒋涛曾经是史玉柱的一名手下，但却一直不明白，史玉柱为什么总是重用老部下，而不对外招聘重要人才。有人分析，史玉柱败走麦城的时候，是一群忠心的人帮助了他，所以，现在史玉柱回报这些忠心的人。这种分析或许有一定道理，但编者认为：史玉柱重用老部下，不应该是完全出于一种"报恩"或"感谢"的心理，更重要的原因是——他体会到了忠诚的下属不仅是他过去所需要的，而且是现在与将来都十分需要的。

忠诚胜于能力

员工的忠诚与能力，是每一个老板都需要、重视的。然而，假设忠诚与能力不可兼得，相信每一个老板都会毫不犹豫地选择忠诚。道理很简单，有能力而不够忠诚的人，有时候能力越大破坏性越强；而能力欠缺却忠心耿耿的人，至少不会有巨大的负作用。做一个忠诚的人，是赢得老板欣赏的一个重要法宝。

世界500强企业选用人才的一大标准是：忠诚的专家级人才。"忠诚"排在"专家"之前,应该能说明什么。在这个世界上,有才华的人太多了,但有才华而又忠诚的人却不多。只有忠诚与能力兼具的人才是企业所需要的。

"忠诚"是中华民族优秀文化的内涵之一,有关忠诚的历史典故如恒河之沙。只是,历史的车轮在近代的颠簸,似乎将这一历史遗产抛弃了不少。唯利是图、有奶便是娘的陋习逐渐抬头。不少人在努力提升个人能力的时候,忽视了对忠诚的培养。结果,我们这个社会上游荡着一批能力超群却又忠诚不足的"人才",他们唯利是图,目光短浅,他们首先想到的不是为企业创造价值,而是首先计算自己的报酬。

当受到老板批评时,他们敌视老板,甚至把公司的商业秘密公之于众,使企业遭受损失。企业发展了,这些人会认为是由于他个人的原因,与老板讨价还价。

几乎每一个优秀企业都非常强调忠诚,许多世界级的优秀企业,在招聘人才时,甚至要对应聘者进行忠诚度测试。其测试的方式是多种多样的,有专业试题,也有随意的谈话,甚至在很多时候,虽然已经被测试了,本人却不知道。

李开复在他的一本书中,就介绍了他在微软主持面试时因为应聘者忠诚度问题而被拒绝录用的故事。其大致经过是这样的:在面试过程中,应聘者无意中透露自己手里开发了一个程序,如果李开复录用他的话他可以带过来。

李开复听了,当即在心里就将这个人给"枪毙"了。尽管这个应聘者在说完之后发现自己这样做不太妥当,一再声称程序的开发并非职务行为,完全是自己在业余时间里独立做的。但这番说辞并没有说服李开复。一个颇有能力的人才,就这样错过了一个进入微软的机会。

如果你留心观察,就会发现:越是离老板近的人,越是忠诚。是忠诚决定员工在组织中的真正地位。在任何企业里,都存在一个无形的同心圆,圆心是老板,圆心周围是忠诚于企业、忠诚于老板、忠诚于职业的人。离老板越近的人,是忠诚度越高的人,而不一定是职位越高的人。很多高层管理者天天和老板打交道，却未必得到老板的信任，可能就和忠诚度不够有关。

因此，员工在完善和提升个人素质时，应当时刻记住：忠诚胜于能力！当然，忠诚胜于能力，并不是对能力的否定。一个只有忠诚而无能力的人，是无用之人。忠诚，是要用业绩来证明的，而不是口头上的效忠，而业绩又是要靠能力去创造的。比如，一个天天跪在你面前表示忠诚于你，却不能为你做任何事的"忠诚"者，并没有多大的价值与意义。

此外，有些表面上"绝对忠诚"于老板的人，实质上是一些无能之人，他们干不出什么业绩来，只好伪装出忠诚的面孔来讨好老板。他们似乎在说"老板，我如此忠诚，我应该得到回报"。这样的忠诚没有什么意义。企业的利润要靠汗水去创造，并不是员工表表忠心就能得到的。忠诚，不应该成为掩盖自己无能的借口。

忠诚乃立身之本

忠诚是员工的立身之本。一个禀赋忠诚的员工，能给他人以信赖感，让老板乐于接纳，在赢得老板信任的同时更能为自己的发展带来莫大的益处。相反，一个人如果失去了忠诚，就等于失去了一切——失去朋友，失去客户，失去工作。从某种意义上讲，一个人放弃了忠诚，就等于放弃了成功。

一个人任何时候都应该信守忠诚，这不仅是个人品质问题，也会关系到公司的利益。忠诚不仅有道德价值，而且还蕴含着巨大的经济价值和社会价值。

尽管现在有一些人无视忠诚，利益成为压倒一切的需求，但是，如果你能仔细地反省一下，就会发现，为了利益放弃忠诚，将会成为你人生中永远都抹不去的污点。

没有哪个公司的老板会用一个对自己公司不忠诚的人。"我们需要忠诚的员工。"这是老板共同的心声，因为老板知道员工的不忠诚会给公司带来什么。

只有自下而上地做到了忠诚，才可以将所有的人拧成一股绳，拉动公司的船前行。相反，就可能毁了一个公司。

越来越激烈的竞争中，人才之间的较量，已经从单纯的能力较量延伸到了品德方面的较量。在所有的品德中，忠诚越来越得到组织的重视，从某种意义上说，忠诚更是一种能力，因为只有忠诚的人，才有资格成为优秀团队中的一员，才能更好地发挥自己的能力。

鲍勃是一家网络公司的技术总监。由于公司改变发展方向，他觉得这家公司不再适合自己，决定换一份工作。

以鲍勃的资历和在业界的影响，加上原公司的实力，找份工作并不是件困难的事情。有很多家企业早就盯上他了，以前曾试图挖走鲍勃，都没成功。这一次，是鲍勃自己想离开，这真是一次绝佳的机会。

很多公司都抛出了令人心动的条件，但是在优厚条件的背后总是隐藏着一些条件。鲍勃知道这是为什么，但是他不能因为优厚的条件就背弃自己一贯的原则，于是鲍勃拒绝了很多家公司对他的邀请。

最终，他决定到一家大型企业去应聘技术总监，这家企业在全美乃至世界都有相当的影响，很多业界人士都希望能到这家公司来工作。

与鲍勃进行面洽的是该企业的人力资源部主管和负责技术方面工作的副总裁。对鲍勃的专业能力他们并无挑剔，但是他们提到了一个使鲍勃很失望的问题。

"我们很欢迎你到我们公司来工作，你的能力和资历都非常不错。我听说你以前所在的公司正在着手开发一个新的适用于大型企业的财务应用软件，据说你提了很多非常有价值的建议。我们公司也在策划这方面的工作，你能否透露一些你原来公司的情况，你知道这对我们很重要，而且这也是我们为什么看中你的一个原因。请原谅我说得这么直白。"副总裁说。

"你们问我的这个问题很令我失望，看来市场竞争的确需要一些非正当的手段。不过，我也要令你们失望了。对不起，我有义务忠诚于我的企业，任何时候我都必须这么做，即使我已经离开。与获得一份工作相比，忠诚对我而言更重要。"鲍勃说完就走了。

鲍勃的朋友都替他惋惜，因为能到这家企业工作是很多人的梦想。但鲍勃并没有因此而觉得可惜，他为自己所做的一切感到坦然。

没过几天，鲍勃收到了来自这家公司的一封信。信上写着："你被录用了，不仅仅因为你的专业能力，还有你的忠诚。"

其实，这家公司在选择人才的时候，一直很看重一个人是否忠诚。他们相信，一个能对原来公司忠诚的人也可以对自己的公司忠诚。这次面试，很多人被刷掉了，就是因为他们为了获得这份工作而对原来的公司丧失了最起码的忠诚。这些人中不乏优秀的专业人才。但是，这家公司的人力资源部主管认为，一个人不能忠诚于自己原来的公司，很难相信他会忠诚于别的公司。

由此可见，一个人的忠诚不仅不会让他失去机会，还会让他赢得机会。除此之外，他还能赢得别人对他的尊重和敬佩。人们似乎应该意识到，取得成功最重要的因素不是一个人的能力，而是他优良的道德品质。所以，阿尔伯特·哈伯德说："如果能捏得起来，一盎司忠诚相当于一磅智慧。"

忠诚不谈条件

对于一个公司而言，员工必须忠诚于公司，这也是确保整个公司能够正常运行、健康发展的重要因素。拿破仑说过，没有忠诚的士兵，没有资格当士兵。同理，没有忠诚的员工，也没有资格当员工。

忠诚不仅会给公司、给老板带来巨大的收益，而且还会给员工自身带来很大的益处。公司是一个一荣俱荣一损俱损的利益共同体，可以说，员工忠诚于老板，就等于忠于自己。

因为忠诚是一种与生俱来的义务。你是一个国家的公民，你就有义务忠诚于国家，因为国家给了你安全和保障；你是一个公司的员工，你就有义务忠诚于公司，因为公司给了你发展的舞台；你是一个老板的下属，你就有义务忠诚于老板，因为老板给了你就业的机会；你在一个团队中担任某个角色，你就有义务忠诚于团队，因为团队给了你展示才华的空间；你和搭档共同完成任务，你就有义务忠诚于搭档，因为搭档给了你支持和帮助……总之，忠诚不是讨价还价，忠诚是你作为社会角色的基本义务。

忠诚为什么不讲回报？

因为真正的忠诚是一种发自内心的情感。这种情感如同对亲人的情感、对恋人的情感那么真挚。对祖国忠诚，是因为你热爱祖国；对公司忠诚，是因为你热爱公司；对老板忠诚，是因为你对老板心存感恩；对同事忠诚，是因为你发自内心信任你的同事。

每一位优秀的员工都应该清楚，公司首先不会给你什么，但你如果给了公司绝对的忠诚，公司一定会回报你，它的回报包括薪水以及荣誉。忠诚与回报，不一定是成正比，但一定是同步增长的，忠诚度越高的员工，所创造的价值肯定越多，所获取的回报肯定也越多。

当然，我们倡导员工忠诚，但员工的忠诚和士兵的忠诚是不一样的。士兵的忠诚是绝对的，士兵必须忠诚于统帅，因为统帅代表着国家。员工的这种自下而上的忠诚对于公司来讲是必须的，但是并不是无条件的、绝对的和盲目的。

员工忠诚的是一个对自己的生存、发展、自我实现有助益的领导者，一个对公司有责任感的领导者，一个能够担当得起公司生存和发展重任的领导者，一个能够让公司健康运行的领导者，一个关心员工、能够为公司奉献的领导者，一个有企业家精神的领导者。对这样的领导者忠诚是有价值的，也是值得的，因为这样的领导者不会辜负员工的满腔忠诚。

下面，我们列出员工忠诚于公司的十个理由，读懂它们你会明白忠诚不仅仅是一种义务，它的最大受益人正是你自己。

忠诚于公司的十个理由：

理由1：因为你是公司的员工。

理由2：公司给了你一个饭碗，一个事业发展的契机，一个施展才华的舞台，你应当懂得感恩。

理由3：只有忠于公司，你才能得到公司忠诚的回报。

理由4：公司发展了，你得到的回报将会更多。

理由5：忠诚赋予你工作的激情，只有忠诚的人才能享受工作带来的乐趣，而不觉得它是苦役。

理由6：只有忠诚于公司，努力为公司工作，你的才华才不会浪费，不会贬值，不会退化。

理由7：只有忠诚于公司，你的个人价值才能更好地展现出来。

理由8：忠诚是造就你的职业声誉和个人品牌最重要的因素。

理由9：只有忠诚的人，才能够在公司中找到自己的归属感。

理由10：没有人喜欢不忠诚的人，没有哪一个老板欢迎不忠诚的员工。

严守公司机密

无论是从职业操守还是从法律角度来说，每一个公司职员都应该没有任何借口地保守公司机密。作为员工不注意保守秘密，不仅难以取得领导的信任，而且还会被"炒鱿鱼"，甚至被绳之以法，追究法律责任。如果你守口不严，说话随便，思想松懈，说了不该说的话，有意或无意地造成泄密，那么，轻则会使领导的工作处于被动，带来不必要的损失，重则会给公司造成极大的伤害，带来不可挽回的影响。

事实上，很多时候公司机密的泄露，并非当事人有意为之。特别是在互联网普及的今天，信息的泄露变得非常直接而又快捷。在很多商业机密泄露的案例中，机密文件和信息都是通过QQ、微信等聊天工具泄露的。当事人因为保密与防范意识不强，被别有用心者利用，于无意中泄露了重要的信息。

所以，有关工作内容的沟通与聊天，员工一定要处处以公司利益为重，处处严格要求自己，做到慎之又慎。否则，不经意的一言一行就泄露了公司的商业秘密。

在一次国际性的商贸谈判中间休息时，英国的一位裘皮商人主动给美国的谈判人员递烟闲聊："今年的黄狼皮比去年好吧？"美国人随意地应了声："还不错。"那人紧跟了一句："如果要想买20多万张不成问题吧？"美国的谈判人员仍不经意地说："没问题。"

英国商人在不动声色中掌握了美国有大量的黄狼皮在寻找买家的商情。在随后的谈判中，英国商人以比原方案高出5%的价格，主动向美国商人递出5万张黄狼皮的买单。可是随后美国商人就发现有人用低于英国商人的报价在英国市场上大量抛售黄狼皮，当美国商人向其他国家的报价全部被顶回时，他们才恍然大悟：原来英国商人是有意用高价稳住自己，使其他的商人不敢问津，以便大量抛售他们几十万张的库存。

每一个公司的办公室里都会有许多的文件，除了对外发布的公告之外，很多文件都属于公司的机密，不可随意外传或泄露。公司里的员工对正在实施的秘密计划要提高警惕，避免走漏消息，给公司造成损失。

对过时的文件或平常处理的普通文件，也不要轻易放松警惕。有时，很难判断出什么样的文件属于机密，是否要对外公开或保密，但是，作为职员，要时刻注意。通常看似普通平常的文件，也可能泄露重要的机密，毫不起眼的普通文件，有可能正是竞争对手想得到的珍贵资料。

因此，只要是公司文件，都应该严格管理、妥善保存或适当处理。例如，公司里的员工名单，虽然在企业内算不上是机密，如果竞争对手一旦得到，却能从员工的配置情况，推断出公司的经营谋略或发展方向，有时还可能成为对方挖掘人才的依据，给公司带来损失和不利。

除了要严防无心之过，同时还要死守有心之错。在诱惑颇多的今天，有的人很容易为了利益出卖公司机密，而能够守护忠诚的就显得更加可贵。一个不为诱惑所动、能够经得住考验的人，不仅不会失去机会，相反会赢得机会，还有别人的尊重。做一个有职业道德的人，最起码的一点，就是要保守公司的秘密，这是对每一个员工的要求。

忠心不是唯唯诺诺

对老板忠心，并不意味着一味奉迎，毫无主见。事实上，人的可贵和独特之处在于有自己的见解。下属对老板的意见如果不赞同，要会说"不"字。那些怕得罪老板、对老板唯唯诺诺的人，老板也许会喜欢一时，但很难长久。

1. 对老板不要迷信

老板要求下属不但要做事，而且要把事做好。下属要想把事做好，除了配合老板外，必须要动脑筋，有自己的主见。这种主见有时不可避免地会与他人的想法不一致，其中也包括与老板的想法有出入。如果因为怕与老板对立而不表达自己的主见，久而久之，老板就会认为你是一个没有主见的人。这对你今后的发展是非常不利的。

拒绝老板的要求并不是一件容易的事，但在内心不情愿的情况下勉强接受工作，工作起来就感到索然无味，也很难获得好的工作成绩。因此，自己若没有能力完成某项工作时，最好不要贸然答应。

一般来说，老板总会怀着期待的心情，认为自己的指示和命令下属当然会接受。此时若出人意料地遭到拒绝，老板的心理感受一定不妙。所以下属向老板说"不"的时候，出言必须谨慎，还要想办法进一步缓和气氛，以免老板尴尬，进而使他能以轻松的心情接受你的反对意见。

2. 减少老板的抗拒情绪

曾经担任过日本东芝社长的岩田二夫说过一句话："能够'拒绝'别人而不让对方有不愉快的感觉的人，才算得上一个优秀的员工。"

拒绝其实是一门学问。"拒绝"含有否定的含义，无论是谁，自己的意见或要求被否定，自然会造成情绪上的波动。

美国前总统里根在拒绝别人的请求时，总是会先说"yes"，然后再说"but"。这种先肯定后否定的表达方式，让被拒绝方感到你是一种深思熟虑、谨慎的态度，对缓和被拒绝时的抵触情绪有显著作用。

3. 要等老板把话说完

有一种非常不好的拒绝态度，就是老板还没有把话说完，就断然地否定他。这么做，老板即使不恼怒，也不会对你有好感。要说服别人，总需要听清楚对方所说的话，这样才能找出说服对方的理由。

4. 以问话的方式表示拒绝

以问话的方式拒绝老板时，不直接表达自己的意见，而是改用询问的形式，让对方自然而然接受你的意见。

如："从以后的发展或长远的观点来看，结果会如何呢？"退一步讲，用请教的方式，可保住老板的脸面，老板更容易和愿意向你的设想靠拢。

5. 提出替代方案

提出替代方案的好处在于，你尽管拒绝了老板的计划，但并不是拒绝老板本人，而是认为他这个计划行不通，你仍然敬佩老板的工作热情和对工作负责的态度。因此，你提出这个替代方案只是为了使老板能把工作做得更好。这样一来，老板明白了你的苦心，不但不会责怪你，还会认为你在替他分忧，久而久之，视你为值得信任的人。

第十一章

责任感使你出类拔萃

爱默生说："责任具有至高无上的价值，它是一种伟大的品格，在所有价值中它处于最高的位置。"科尔顿说："人生中只有一种追求，一种至高无上的追求，就是对责任的追求。"

所谓责任，就是对自己所负使命的忠诚和信守。责任是一种与生俱来的使命，它伴随着每一个生命的始终。事实上，只有那些能够勇于承担责任的人，才有可能被赋予更多的使命，才有资格获得更大的荣誉。一个缺乏责任感的人，或者一个不负责任的人，首先失去的是社会对自己的基本认可，其次失去别人对自己的信任与尊重，甚至也失去了自身的立命之本——信誉和尊严。

清醒地意识到自己的责任，并勇敢地扛起它，无论对于自己还是对于社会都将是问心无愧的。人可以不伟大，人也可以清贫，但我们不可以没有责任。任何时候，我们都不能放弃肩上的责任，扛着它，就是扛着自己生命的信念。

清楚责任，承担责任

责任并不复杂，就是你知道自己该干什么并去履行，同时也知道自己不该干什么并去落实。当你不知道自己该干什么时，至少要做到知道自己不该干什么，这是责任的底线。

高层次的责任心是知道自己该干什么。在工作中，员工要更好地承担责任，首先要清楚自己在整个公司处于什么样的位置，在这个位置应当做些什么，然后把自己该做的事情做好。只有这样，才能够更好地履行自己的职责，与他人更好地合作。

只有认清自己的责任，才能知道该如何承担责任，正所谓"责任明确，利益直接"。在一个公司中,每一个部门、每一个人都有自己独特的角色与责任,彼此之间互相合作,才能保证公司的良性运转。因此,我们学会认清责任,是为了更好地承担责任。首先要知道自己能够做什么,然后才知道自己该如何去做,最后再去想怎样才能够做得更好。

另外,认清自己的责任,还有一点好处就是,可以减少对责任的推诿。只有责任界限模糊的时候,人们才容易互相推脱责任。在公司里,尤其要明确责任。首先你应该清楚应该做些什么,只有做好自己分内工作的人,才有可能再做一些分外工作。

相反,一个连自己工作都做不好的人,怎么能担当更重的责任呢?总有一些人认为,别人能做的自己也能做,事实上,就是这样的一些人才什么也做不好。

认清自己在做些什么,就已经完成了一半的责任。

要想清楚自己在做什么,有什么责任,首先应该确认自己的位置。整个公司是一个大机器,每个零件的作用都是不一样的。你在整个机器上的什么位置,自己应该清楚。比如你是一家公司的销售人员,与你直接打交道的一是经销商,二是商品。所以,你的责任是管理好商品,处理好公司与经销商之间的关系,让他们成为公司永久的"上帝"。

如果,你不清楚自己公司产品的竞争优势和公司的经营战略,不清楚经销商的经营思路和资金实力,那么这就是你的失职。这种失职有两种原因,一是你没有认清自己的责任,二是你不负责任。归于一点,就是缺乏责任感。

只有清楚自己在整个公司中处于什么样的位置,在这个位置上应该做些什么,然后把自己该做的事情做好,这才是为公司承担责任,才是真正的有责任感。

现在有很多公司实行目标管理,对于每个人应负什么样的责任,要签一份责任协定。其目的就是让你做出公开的承诺。而且你的承诺必须兑现,否则你就要承担没有兑现的后果。

如果你不努力去实现承诺，到头来很可能会尝到失败的苦果，因为你一旦签下责任协定，往后推卸责任的借口就失效了。所以，有的人说："责任协定是把组织的目标变成个人承诺，使之成为一个关乎人格的问题。"

一个公司一定要有明确的责任体系。权责不明不仅会出现责任真空，而且还容易导致各部门之间或者员工之间互相推诿，把自己置于责任之外，这样做的结果是使整个公司的利益受到损害。明确的责任体系，是让每一个人都清楚自己在做什么，应该怎么做。

"当一群人为了达到某个目标而组织在一起时，这个团队就会立即产生唇齿相依的关系。"目标是否能实现，是否能达到预期的工作绩效，取决于团队中的成员是否都能对自己负责，彼此负责，最终对整个团队负责。明确责任体系就是保证成员能够成功地完成这一任务。

此外，明确的责任体系还可以使团队中的成员能够依据这个责任体系建立权责明确的工作关系，这样团队中的成员对自己的任务就是责无旁贷的，而且有助于成员之间彼此信守工作承诺，最终确保任务的完成。

对于一个团队而言，不仅要有明确的责任体系，还应该建立以"责任"为核心的企业精神，使"责任"这两个字成为团队精神的核心。很多企业的领导者认为，这是人人都烂熟于心的概念，谁不知道自己应该承担责任呢？然而事实上是，这两个字只是烂熟于耳，真正往心里去，并且能够做到的又有几个人呢？对于很多企业来说，责任精神亟待重建。

责任是一个神圣的承诺，在它身上承载着一个不渝的使命，它能让人战胜胆怯，无数在战场上冒着枪林弹雨前进的战士都说明了这一点。他们只是因为信守了"军人以服从为天职"的承诺，就变得如此勇敢。

认真负责地履行职责

自觉地、认真地履行职责，无须他人监督，不找理由来放松对工作质量的要求，哪怕是在有适当的理由、可以放松的时候也不放松。这就是认真负责的核心要素。

　　无论什么人，无论在什么环境下，认真负责都是有价值的，都是能促进你的事业成功的。当我们对工作认真负责时，就能从中学到更多的知识，积累更多的经验，就能从全身心投入工作的过程中找到快乐。这种习惯或许不会有立竿见影的效果，但可以肯定的是，当敷衍成为一种习惯时，一个人做事的效率就会大打折扣。这样，人们最终必定会轻视他的工作，从而轻视他的人品。粗劣的工作，造就粗劣的生活。工作是人们生活的一部分，粗劣的工作，不但降低工作的效能，而且还会使人丧失做事的才能。工作上投机取巧也许只会给你的公司带来一点点的经济损失，但却可以毁掉你的一生。

　　认真负责不是轻轻松松就能做到的，有时候还会令人痛苦、心力交瘁。毕竟责任不像权力那样有吸引力，给人带来的往往不是便利、不是随心所欲的快乐，而是压力和辛劳。因此，总有些人试图尽量远离责任、推卸责任，而不是靠近它，不是去认真履行自己的岗位职责。

　　当然，这样的人也正是在远离事业成就，远离成功。可以这么说，怕认真带来的辛苦，怕负责任带来的压力，就永远不会进步，也不会有良好的事业成就。

　　有一句话叫"群众的眼睛是雪亮的"，与古语"若要人不知，除非己莫为"一脉相承，只要你在工作中兢兢业业、认真负责，经过一定的时间后，同事和上司都是能感受到的，也是会给予积极的关注和回报的。同样，如果你在工作中总是寻找机会或者借口，对工作简单应付了事，同事和上司也是迟早会知道的，毕竟他们都有一双雪亮的眼睛，最多也就是时间晚一点罢了。

　　每个人的岗位都有特定的责任，这些责任是客观地伴随着岗位的存在而存在的。由于管理质量的不同，一些企业的员工对自己的责任不清楚，因为企业缺乏明确的规定。当然，也有许多企业在规范化管理方面做得比较好，各岗位的责任描述得比较清晰，员工对自己承担的责任也有明确的认识。

但是，有一点需要明确地提醒各位，责任不是通过明确就会发生作用的，工作中是否认真负责，不是简单地看企业的管理是否规范、岗位职责是否明确，关键是要看员工个人有没有责任心。因为，责任心是认真负责的基础和根基。

要做到认真负责是不容易的，不仅要有强烈的责任心，还要有正确的理念来指导自己的思路，调整好自己的职业心态，否则是做不到的。要做到认真负责，以下几方面是重点。

1. 不要轻视自己的岗位的作用和价值

这是对广大的基层员工的要求。有不少基层员工对自己的岗位的作用和价值缺乏正确的认识，觉得自己职位低、工作琐碎、价值低、作用小，没什么意思。这种看法直接影响了他们对待工作的态度，对工作质量不重视，工作中表现出来的就是随意、应付了事，对需要严格把关的地方也不认真，走走形式，导致工作质量大打折扣。

其实，没有不重要的工作，只有不重视工作的人。我们每个人的工作都是企业系统里不可或缺的一部分，是维持和保障企业运转的重要环节，对企业整体的工作质量都有直接或间接的影响，无论这项工作看起来有多么不起眼。

2. 不要为自己的不负责任找借口

一些企业员工在因为自己的工作没有做好而受到批评时，总是找来这样或那样的理由来推卸责任，为自己不负责任的言行找借口。似乎一切都是别人的错，与他们无关，自己没有做好工作反倒成天经地义的了。

不错，他们找的理由都是存在的，但这不是我们可以不负责任的理由。因为这个世界没有完美，每个企业都有自身的缺陷和不足，如果一个员工把工作没有做好的原因都归咎于外界，那么他不是在逃避责任就是缺乏自知之明。其实，即使外界存在不利因素，只要我们在工作中能更认真一些，工作的质量依然能够得到提升。

在企业里还有一些员工比较"幽默",工作没做好时喜欢用"我笨、我傻"等理由来解释。这样做其实也很危险。习惯用这种说法来搪塞,实际上就是放弃了认真负责,也放弃了自己的未来。这样做的结果是不仅工作做不好,还会把自己变成一个确确实实的笨蛋。

3. 不要姑息和纵容你身边的不良现象

大多数人在面临麻烦和困境时都会把自己视为受害者,不去想自己的那部分责任,似乎自己对所有的不良现象都无能为力。

这是一种消极的心态,是无法解决困难的,甚至会助长不良现象的蔓延。面对那些不良现象时,我们应该做的是,认真想想是什么原因造成的,找出自己所能掌握的影响力和控制力,并积极地发挥出来,防止不良现象蔓延成为企业的普遍现象。

4. 多问自己"我做得如何"

有一个替人割草打工的男孩打电话给布朗太太说:"您需不需要割草?"布朗太太回答说:"不需要了,我已经有了割草工。"男孩又说:"我会帮您拔掉草丛中的杂草。"布朗太太回答:"我的割草工已经做了。"男孩又说:"我会帮您把草与走道的四周割整齐。"布朗太太说:"我请的那人也已经做了,谢谢你,我不需要新的割草工人。"男孩便挂了电话。此时男孩的室友问他说:"给布朗太太割草的人不就是你吗?为什么还要打这个电话?"男孩说:"我只是想知道我究竟做得好不好!"

多问自己"我做得如何",这就是责任心。为什么小孩子都能做到的事,反而身在职场的成人却做不到,或者做得不好呢?我们是不是也像上面故事里的孩子一样犯过这样的"傻"呢?如果有,也没有什么可笑的,那才正是一个人最纯真、最有责任感的体现。身在激烈竞争的职场,老板需要这样犯"傻"的员工,你自己也需要这样犯"傻"的举动。

老板在与不在一个样

检验你是否是一个有责任心的人,有一个最简单的办法,那就是:看老板在与不在,你的工作状态是否如一?

作为一个公司员工,老板不在的时候,也是容易放松自己的时候。可是,无论老板在不在,你勤奋工作都应该是发自内心的,你的任何业绩都是自己努力的结果,你不能仅仅是做出样子来给老板看,老板要的是实际业绩和工作效果。

主动工作是员工的必备素质。评价员工优秀与否有一个标准,那就是看他工作时的动机与态度。如果一名员工只知道被动地工作,习惯于像奴隶一样在主人的督促下劳动,缺乏工作热忱,那么可以确定,这样的员工是不会有什么成就的。自动自发地工作是每一个优秀员工的共同特点,没有对工作的热爱就不会有全身心的投入,就会因为缺乏自律而放任自流,当然更谈不上敬业了。

自动自发是一种对待工作的态度,也是一种对待人生的态度。只有当自律与责任成为习惯时,成功才会接踵而至。绝大多数成功的创业者并没有任何人监督其工作,他们完全依靠自律工作。如果对自己的工作都不能全身心投入,那么开创自己的事业最后也只能沦为一句空话。

自动自发也是对自己的一种责任。无所事事、懒散松懈的习惯使天赋很好的人步入平庸,这样的例子并不在少数。无论是历史还是现实之中,许多成功的人并不一定天赋很高,而是勤奋使他们一步步走向成功与卓越。

老板不在的时候,自动自发地工作吧!这样一种工作习惯可以使你不断地超越自我,成为像老板一样优秀的人。那些获得成功的人,正是由于他们用行动证明了自己敢于承担责任而让人备感信赖。

自动自发地去工作,而且愿意为自己所做的一切承担责任,这就是那些成就大事业者和平庸之辈的最大区别。要想获得成功，你就必须敢于对自己的行为负责，没有人会给你成功的动力，同样也没有人可以阻挠你实现成功的愿望。

阿尔伯特在《致加西亚的信》一文中如此写道：

"我钦佩的是那些不论老板是否在办公室都会努力工作的人，这种人永远不会被解雇，也永远不必为了加薪而罢工。"

在这里我们特别要强调这一点。一个优秀的员工应该是一个自动自发地工作的人，而一个优秀的管理者则更应该努力培养员工的主动性。

拒绝借口，自动自发地去做好一切吧！

职场没有"分外"的工作

职场中没有"分外"的工作，一个责任感强的员工除了做好自己分内的工作还应该多做一些分外的工作，比老板期待的更多一点，给自我的提升创造更多的机会。

然而，在职场上，常常有这样的员工，他们认为只要把自己的本职工作干好就行了。对于老板安排的额外工作，不是抱怨，就是不主动去做。这样的员工，自然不会获得升职加薪的机会。

在柯金斯担任福特汽车公司总经理时，有一天晚上，公司里因有十分紧急的事，要发通告给所有的营业处，所以需要全体员工协助。不料，当柯金斯安排一个做书记员的下属去帮忙装信封时，那个年轻的职员傲慢地说："这不是我的工作，我不干！我到公司里来不是做装信封工作的。"

听了这话，柯金斯一下就愤怒了，但他仍平静地说："既然这件事不是你分内的事，那就请你另谋高就吧！"

一个人要想取得事业上的成功，除尽心尽力做好本职工作以外，还要多做一些分外的工作。这样，可以让你时刻保持斗志，在工作中不断地锻炼自己，充实自己。除此之外，分外的工作也会让你拥有更多的表现机会，让你把自己的才华适时地表现出来，引起别人的注意，得到老板的认同和重视。

美国一位年轻的铁路邮递员，和其他邮递员一样，用传统的方法分发着信件。大部分的信件都是这些邮递员凭不太准确的记忆拣选后发送的，因此，许多信件往往会因为记忆出现差错而耽误几天甚至几个星期。于是，这位年轻的邮递员开始寻找新办法，他发明了一种把寄往某一地点的信件统一汇集起来的方法。就是这样一件看起来很简单的事，成了他一生中意义最为深远的事情。他的图表和计划引起了上司的广泛注意。很快，他获得了升迁的机会。5年以后，他成了铁路邮政总局的副局长，不久又被升为局长，从此踏上了通向美国电话电报公司总经理职位的路途。他的名字叫西奥多·韦尔。

做出一些人们意料之外的成绩来，尤其留神一些额外的责任，关注一些本职工作之外的事——这就是韦尔获得成功的原因。

卡洛·道尼斯先生最初替汽车制造商杜兰特先生工作时，只是担任很低微的职务。但他很快就成为杜兰特先生的左右手，担任杜兰特手下一家汽车经销公司的总裁。他之所以能够在很短的时间升到这么高的职位，也正是因为他提供了远远超出他所获得的报酬的服务。

当他刚去杜兰特先生的公司上班时，他就注意到，当所有的人每天下班回家后，杜兰特先生仍然在办公室里待到很晚。因此，他每天在下班后也继续留在办公室看资料。没有人请他留下来，但他认为，应该留下来，以便随时为杜兰特先生提供协助。

从那以后，杜兰特在需要人帮忙时，总是发现道尼斯就在他身旁。于是他养成随时随地招呼道尼斯的习惯，因为道尼斯自动地留在办公室，使他随时可以找到他。道尼斯这样做，获得了报酬吗？当然，他获得了一个最好的机会，获得了某个人的信赖，而这个人就是公司的老板，有提升他的绝对权力。

对于一名尽职尽责的员工来说，坚守自己的责任，是不是意味着只要做好自己的分内的事情就够了呢？

答案是否定的。因为在一个企业中，除了每个员工要各自完成的职责之外，总是还有一些没有人做或者有些人该做而没有做的事情，我们可以称之为责任的空白地带。这些空白地带同样事关企业的存亡，老板在分配责任的时候却又容易忽视它。

所以，一名优秀的员工除要承担自己的责任外，还应主动承担起空白地带的责任。而老板会非常感激能够承担空白地带责任的员工，因为他们替自己查漏补缺，保证企业工作的顺利进行，也促进企业管理的完善。

"这不是我职责范围里的事情，我根本不用操心。"怀着这样的态度工作的人，不管自身条件多么出众，成功的希望都是渺茫的，因为这样的态度随时都有可能给他所在企业造成不可估量的损失。

勇于承担失败的责任

俗话说：一人做事一人当。不管你的言行为你带来了怎样灾难性的结果，你都要直面承担。一个负责任的人，给他人的感觉是值得信赖与依靠。而对于一个说话办事不负责任的人，没有人愿意走近他，支持他，帮助他。

我们会发现很多成功的人都是勇于承担失败责任的人，而不少失败的人却害怕承担失败责任。失败的人会为自己的失败寻找各种各样的借口，而成功的人在面临失败和错误时，能够及时地寻找出问题的症结所在，并努力克服和改正。或许可以这样说："只有勇于承担失败责任的人，才是主宰自我的设计师，才是命运的主人，才能获得生命的自由。"

勇于承担失败责任，别人就会为你的态度所打动，对你产生信任。由于信任就会产生依靠，你在工作中就会一呼百应，无往不胜。信用越好，人缘就越好，机会就越多，就愈能打开成功的局面。虽然在做事的过程之中，每个人都会犯错误，但是一定要能自己主动承认错误，不推卸责任，这样才能赢得别人的尊重。

韦恩博士说："把责任往别人身上推，等于将自己的力量拱手让给他人。"

逃避责任的生活就轻松吗？有时候逃避责任的代价可能更高。不必背负责任的生活看起来似乎很轻松、很舒服，但是可能为此付出更大的代价。因为我们会成为别人手上的木偶，必须依照别人为我们写的剧本去生活。

我们轻易地把责任推给别人，然后又若无其事地站在一旁抱怨：都是公司的错，害我没能发挥所长，都是同事的错，或我的健康情形害我不能怎样等。请问，我们希望让公司、同事和我们的健康来操控我们吗？为什么不能痛快地扛起应负的责任，掌握自己的生活。

有时我们必须承认，我们实在无法控制失败的来临。但这绝对不表示我们可以把责任外推。一个人千万不要习惯于为自己的过失找种种借口，以为这样就可以逃脱惩罚，从而忘却自己应承担的责任。正确的做法是，承认它们，解释它们，并为它们找到解决的方法。最重要的是利用它们，要让人们看到你如何承担责任，如何从错误中吸取教训。这样的员工不管处于哪个公司，都会被老板所欣赏。

第十二章
挑战与超越自己

当有人问刚刚在足坛初露锋芒的球星贝利:"你的哪一个进球踢得最好?"贝利回答:"下一个!"后来,贝利在足坛大红大紫,成为世界上著名的球星。在贝利踢进1000个球后,有记者问了同样的一个问题:"你的哪一个进球踢得最好?"贝利想都没想:"下一个!"

在事业上大凡有所建树者,都和贝利一样有着永不满足、勇于挑战与超越自己的精神。你在职场上的最大敌人,不是你的老板,不是你的同事,而是你自己。只有不停地挑战与超越你自己,你才能走得更高,拥有更大的成就。

永远不要给自己设限,也永远别躺在过去的功劳簿上睡大觉。你的未来,掌握在你的手中。

点燃你工作的激情

在一次访谈中,有观众问美国通用电气公司前总裁杰克·韦尔奇,什么是他心目中最出色的员工。杰克·韦尔奇回答道:我想用四个以"E"开头的单词做概括。第一要有活力(Energy),一个优秀的人必须要拥有发自内心的活力;第二要让你的团队感到振奋(Energize),要感染激发你身边的人;第三是要有判断力、是非分明、敢于并且能做出正确的决定(Edge),人家问你问题的时候,说"是"或者"否",而不说"也许是""也许不是"这样的话;第四是执行(Execute),要完成你的工作,实现你的目标,兑现你的承诺,不仅要做,还要做好。最后,杰克·韦尔奇特别强调:在这四个以"E"开头的单词周围,还要有充分的激情(Passion),一定要找到有激情的人。

其实这四个以"E"开头的单词,无不与激情息息相关:以充满激情的活力，激发出激情无比的创造力和判断力，最终形成一种富有激情的行动和表现。

激情，是一种能把全身的每一个细胞都调动起来的力量。在所有伟大成就的取得过程中，激情是最具有活力的因素。每一项改变人类生活的发明，每一幅精美的书画，每一尊震撼人心的雕塑，每一首伟大的诗篇以及每一部让世人惊叹的小说，无不是激情之人创造出来的奇迹。最好的劳动成果总是由头脑聪明并具有工作激情的人完成的。

激情是不断鞭策和激励我们向前奋进的动力，对工作充满高度的激情，可以使我们不畏惧现实中所遇到的重重困难和阻碍。可以这么说，激情是工作的灵魂，甚至就是工作本身。当你满怀激情地工作，并努力使自己的老板和顾客满意时，你所获得的利益会增加。而工作中最巨大的奖励还不是来自财富的积累和地位的提升，而是由激情带来的精神上的满足。

我欣赏满腔热情工作的员工，相信每个公司的老板也是如此。从来没有什么时候像今天这样，给满腔热情的年轻人提供了如此多的机会！这是一个年轻人的时代，各种新兴的事物，都等待着那些充满激情而且有耐心的人去开发，各行各业，人类活动的每一个领域，都在呼唤着满怀激情的工作者。

不要畏惧激情，如果有人愿意以半怜悯半轻视的语调称你为"狂热分子"，那么就让他这么说吧。一件事情如果在你看来值得为它付出，如果那是对你的能力的一种挑战，那么，就把你能够发挥的全部激情都投入到其中去吧。至于那些指手画脚的议论，则大可不必理会。成就最多的，从来不是那些半途而废、冷嘲热讽、犹豫不决、胆小怕事的人。

西方有一句谚语："湿火柴点不着火。"当你觉得工作乏味、无趣时，有时不是因为工作本身出了问题，而是因为你的"易燃点"不够低。点燃你心中的热情，从工作中发现乐趣和惊喜，在工作的激情中创造属于自己的奇迹吧！

做个时刻进取的强者

NBA传奇人物迈克尔·乔丹曾经说过:"从'不错'迈入'杰出'的境界,关键在于自己的心态。"我明白这位"篮球飞人"想表达的意思。你可以选择维持"勉强说得过去"的工作状态,也可以选择卓越的工作状态,这就取决于你内心有无进取心。

尽职尽责的员工仅仅是一个称职的员工,而绝不是一个优秀的员工。要想出类拔萃,必须要有进取心,不能安于平庸。

在比赛前,一名运动员的教练语重心长地对他说道:

"不要被金牌的压力卡住,心里有东西坠着,跑也跑不快。把自己真正的水平发挥出来,才是最重要的。"

这话说得很有见地。

金牌,是鼓励,是激励;是推动力,是驱策力;是掌声,也是喝彩声。

获得金牌以后,有些人会把它当成终生的"护身符"。他忘了金牌可以"保值",但是,绝对不"保质";他也忘了"逆水行舟、不进则退"。在踌躇满志的非凡得意里,他自我蒙骗地相信即使不经锤炼也能产生好作品,一旦有人对他提出批评,他便理直气壮地大声反驳:

"什么,你说我没有水准?你别忘记,我可是金牌得主呐!"

有些人会忧心忡忡地把那面金牌变成"喜马拉雅山",让它沉沉地压在自己身上。一刹那的荣耀,竟可悲地化成了终生的负担。在全然没有佳作继续问世的落寞里,金牌闪出的亮光,既惹眼又刺目。也有些人,患得患失,结果呢,金牌变成了桎梏,前头净是下坡路。

理智而聪慧的人,绝对不会把金牌挂在嘴上,更不会把它坠在心上。金牌,仅仅是他个人生涯的一个小小的里程碑。他深深地了解:"曾经拥有"的感觉固然美丽,可是,更大的成就取决于"天长地久"的努力。所以,在那个金光闪烁的日子过后，他便会把金牌束之高阁，忘记它，然后，一如既往，勤练技艺，准备另一次的冲刺。

岁月如水，他日两鬓似霜时，无意间开橱一看，里面有长长一排被"遗忘"了的金牌，静静伫立，闪着绚丽的、灿烂的金光。然而，那是他成功的一生，是让他自豪的一生。

进取心是人类智慧的源泉，它就好像从一个人的灵魂里高竖在这个世界上的天线，通过它可以不断地接收和了解来自各方面的信息。它是威力最强大的引擎，是决定我们成就的标杆，是生命的活力之源。

有了进取心，我们才可以充分挖掘自己的潜能，实现人生的价值，充分享受人生的甘美。我们才能扼住命运的喉咙，把挫折当作音符谱写出人生的激情之歌。我们才能像保尔·柯察金那样在死神和病魔面前保持"不因碌碌无为而羞愧，不因虚度年华而悔恨"的从容和自信，在生命中时刻充满青春的激情和朝气。

满足现状意味着退步。一个人如果从来不为更高的目标做准备的话，那么他永远都不会超越自己，永远只能停留在自己原来的水平上，甚至会倒退。

生活中最悲惨的事情莫过于看到这样的情形：一些雄心勃勃的年轻人满怀希望地开始他们的"职业旅程"，却在半路上停了下来，满足于现有的工作状态，然后漫无目的地游荡着。由于缺乏足够的进取心，他们在工作中没有付出100%的努力，也就很难有任何更好、更具建设性的想法或行动，最终只能做一个拿着中等薪水的普通职员。

如果他们的薪水本来就不多，当他们放弃了追求"更好"的愿望时，他们会干得更差。不安于现状、追求完美、精益求精的年轻人，才会成为工作中的赢家。

因此，不管你在什么行业，不管你有什么样的技能，也不管你目前的薪水多丰厚、职位多高，你仍然应该告诉自己："要做进取者，我的位置应在更高处。"这里的"位置"是指对自己的工作表现的评价和定位，不仅限于职位或地位。

追寻更高位置,这种强烈的自我提升欲望促成了许多人的成功。竞走的胜利者并不一定是最快的起跑者,大都是那些有强烈成功欲望的人。许多成功人士都指出,很多人的资质都比他们好,而那些人之所以没有在事业上取得辉煌的成就,就是因为他们缺乏足够的进取心。

杰出人物从不满足于现有的位置。随着他们的进步,他们的标准会越定越高;随着他们眼界越来越开阔,他们的进取心会逐渐增长。对于比尔·盖茨来说,如果说他仅仅希望开一个小公司赚点钱,那么他20岁时就已经实现了这个目标;如果说成为世界上最有钱的人是他的最高理想的话,早在32岁的时候他就已经实现了这一目标。如果他没有不断超越自我的志向,他在年轻的时候就可以沉迷于自己的伟大成就而举步不前了。凡是事业有成的人皆是如此,他们会以毕生的精力去追求更高的位置。

从很多方面来说,每个人的确本来就拥有他所要实现更高位置所需要的一切能力。既然如此,当你可以高出众人之时,为什么要甘于平庸?如果一年中有一天你能有所作为,为什么不多选择几天都大有作为呢?为什么我们一定要做得跟其他人一样?为什么我们不能超越平凡呢?

试着为自己设立更高的目标!在完成一天的工作之后,你可曾想过:"我应该能够做得更出色一点,或者更勤奋一点儿?"你完成工作的质量是否比以前高?速度是否比以前快?你的工作习惯、态度、解决事情的方法与以前相比是否更好?能上升为财务主管,你已经很满足,但为什么不把做公司的财务总监当作自己的奋斗目标?

在平时的工作中,你完全可以考虑别人认为不明智的创举,尝试别人认为不保险的做法,梦想别人认为不现实的签约,期望别人认为不可能的升职。

这么做时不要想着是为了讨得老板的欢心,也不要寄希望于能立即加薪升职。因为有时你积极进取,对于老板而言,只说明你是一个有价值的员工,但也仅此而已。老板由于利益的缘故不会给你升职,但你的价值又何止于此?

你在其中所获得的成长是其他甘于平庸者无法企及的，即使你和他们处于同一职位，你也会显得卓尔不群。

不断追求更高的自我定位！每一个与你交往的人——你的上司、同事或者朋友，都能感觉到从你身上散发出的意志的力量。这样，每个人都会意识到你是一个不断进取的人，一个能给自己和他人带来更多物质和精神财富的人。人们将被你所吸引，乐于来到你的身边，你会从中发现更多的机会。

不断追求更高的自我定位，从根本上说，是为了自身不断进步。不断进取的过程更是重塑自我的过程，这好比跳高运动员，不断进取就是要把将要跃过的横杆升高一格或几格，力争做到更好——很可能，这"更好"并非巨大的超越，而仅仅是超出那么一厘米。

但每当运动员们尝试跳得更高一点儿时，他们实际上就是要重新塑造自我。他们必须重新思考自我的含义。然后，他们要设定新的目标——不是基于过去的纪录，而是基于重新思考后对自我的全新认识。这个新的自我所处的位置更高，必将会有更杰出的工作表现。

当然，要想达到更高的位置，仅仅有强烈的进取心还是不够的，我们还必须不断增强工作所需的能力，并付出巨大的努力。

学习的脚步不能停歇

小说中提到，武林中有一门最为厉害的功夫，叫"吸星大法"。怀有此功夫的人，在与人过招时，能迅速把对方的功力"吸收"进自己的体内。

武林中的"吸星大法"自然是杜撰的神功。但在我们的社会中，存在一种类似于"吸星大法"的功夫，我们不可不学，越早练习越好，坚持练习更是受益无穷。那就是——终身学习。

一个善于终身学习的人，就像怀揣一块巨大无比的海绵，到处吸收营养以为我用。学历是有终点的，但学习却没有止境。特别是身处知识更新换代快速的当下，你不学习，三五年后，知识、技术与经验可能就会完全跟不上时代。唯有终身学习的人，才能拥有长远的竞争力。

有一位曾在日本政界商界都显赫的人物，叫系山英太郎。他在30岁即拥有了几十亿美元的资产；32岁成为日本历史上最年轻的参议员。他的成功有什么秘诀吗？——终身学习。

系山英太郎一直信奉"终身学习"的信念，碰到不懂的事情总是拼命去寻求解答。通过推销外国汽车，他领悟到销售的技巧；通过研究金融知识，他懂得如何利用银行和股市让大量的金钱流入自己的腰包……即使后来年龄渐长，系山英太郎仍不甘心被时代淘汰，依然勇于挑战新的事物，热心了解未知的领域。

正是凭借终身学习，系山英太郎让自己始终站在时代的潮头之上。所以，如果你想在自己的事业上平稳向前，实现可持续发展，千万记得要终身学习。

对于有些人来说，学习不难，难的是一辈子都在学习——这多么像"一个人做点好事并不难，难的是一辈子都做好事"啊。终身学习既是非常简单又是极端困难的事情。说它简单是因为学习不是一件必须正襟危坐的事，它就实实在在地存在于我们日常生活的每一天。它的内容无限广泛，它的方式也是因人而异。一个故事，一次经历，一番谈话……都可以让你收获良多。

生活中处处都值得你学习，你不要让一个个学习的机会与你擦肩而过。用心观察思考，勤于动手动脑，随时随地学习才是正事！说它困难是因为我们或者因自满而中途放弃，或者把它当成一种苦差事而不愿做。

不管你是什么学历什么来历，总之，要想事业可持续性发展，就要做到随时、随处学习。活到老，学到老——古圣贤的教诲不能忘记。我们不能那么轻易地满足，要勇于给自己提出新的更高的要求。我们也不能把学习完全当成一件苦差事，你应当看到学习是辛苦和快乐的综合体。我们要善于学习，乐于学习，在学习的过程中体会到收获知识的欢欣。

欧盟委员会提出终身学习的"八大关键能力"：母语沟通能力；外语沟通

能力；数学、科学与技术的基本能力；信息技术能力；学会学习；人际交往、跨文化交往能力以及公民素养；实干精神；文化表达。

这八大能力是相互交叉、相互关联和相互支持的。比如，读写、算术与信息技术能力是学习的必备技能，而学会学习又支持所有方面的学习活动。还有很多技能和素质是包容在整个框架之中的，它们包括批判性思维、创新能力、首创精神、解决问题的能力、风险评估、决策能力以及积极的情绪管理。

这些素质处于基础地位，在所有八大关键能力中都发挥着作用，构成八大关键能力的横向组成部分。所有这些能力集中到一起，它们将提高人们的就业能力，帮助人们实现个人抱负并积极参与社会。

在欧盟委员会对八大关键能力进行解释的时候，每个关键能力都由知识、技能与态度三部分组成。

比如，母语沟通能力要求一个人掌握有关语言的基本词汇、语法以及功能等知识。包括对语言互动的主要类型、文学与非文学文本、各种语言类型的主要特征、语言的各种变化以及在不同场合下的使用等方面的知识。在技能方面，每个人都应该具备在各种沟通场合进行口头或书面交流的技能，并根据场合的要求对自己的语言进行调整。

此外，还包括阅读和写作各种文体，查询、收集并加工信息，利用辅助工具，以及在不同的场合下有说服力地组织并表达自己论点的能力。在态度方面，对母语沟通能力所持的积极态度包括乐于进行批判性和建设性的对话，欣赏语言沟通中的美感并有意识追求语言中的美感，有兴趣与他人进行互动。

在终身学习中，我们不但要学习知识、技能，还要保持端正的态度，才能达到良好的学习效果。

时时反省，扬长弃短

"以铜为镜，可以正衣冠；以人为镜，可以明得失；以史为镜，可以知兴衰。"人生有了自省吾身，犹如有朗镜悬空，能时刻从自省的镜子中看清自己、检讨自己，进而修正自己。孔子自省成圣人，释迦牟尼自省变佛祖。

反省，是一种优秀的品质，只有经常反省的人才能进步。"金无足赤，人无完人"，每个人都有缺点，都会犯错，为什么我们不静下心来反省一下自己呢？我们随时随地都应该问问自己，是否对以前犯过的错都一清二楚？若不能从自己身上找出失败的原因，难免下次还会犯同样的错误。我们在失误时，是不是也该多反省一下自己呢？平心静气地正视自己，客观地反省自己，既是一个人修身养德的基本功之一，又是增强人之生存实力的一条重要途径。

反省是成功的加速器。经常反省自己，可以理性地认识自己，对事物有清晰的判断；也可以提醒自己发扬优点、改正缺点。只有全面地反省，才能真正认识自己，只有真正认识了自己并付出了相应的行动，才能不断完善自己。

反省其实是一种学习能力，反省的过程就是学习的过程。如果我们能够不断反省自己所处的境况，并努力地寻找种种解决问题的方法，从中悟到失败的教训和不完美的根源，并能全力以赴去改变，这样我们就可以在反省中清醒，在反省中明辨，在反省中变得睿智，直至获得成功。一个学会了反省的人，世界上再没有任何艰难险阻，可以妨碍他走上成功的道路。

不肯自省之人行为乖张，处处伤人，最终伤己。项羽气走亚父，不知自省；赶走韩信，仍不知自省。最终被困垓下，拔剑自刎于乌江河畔。"大风起兮云飞扬"的豪情壮志，终于取代了"虞兮虞兮奈若何"的沉重叹息。霸王之败，后人哀之，倘若后人尚不知自省己身，必使后人复哀后人矣。

"失败乃成功之母"，失败了不要灰心，好好反省反省，找出问题根源所在，为下次成功打下基础。成功者之所以能够成功，往往表现在能正确地对待不足和失败，能够在反省中总结教训。避免再次失败，那需要自我反省，勇敢地面对它。如果我们像受伤的小鹿一样拼命地避免它们，我们就遁入一个怪圈：你越想逃避，失败越是如影随形。所以说失败是成功之母，前提是要好好反省。反省，正是面对失败，找出错误、改正错误的前提。

夏朝时候，一个背叛的诸侯有扈氏率兵入侵夏朝，夏禹派他的儿子伯启抵抗，结果伯启被打败了。他的部下很不服气，要求继续进攻，但是伯启说："不必了，我的兵比他多，地也比他大，却被他打败了，这一定是我的德行不如他，带兵方法不如他的缘故。从今天起，我一定要努力改正过来才是。"

从此以后，伯启每天很早便起床工作，粗茶淡饭，照顾百姓，任用有才干的人，尊敬有品德的人。最终，伯启成功收服了有扈氏。

这个故事提醒我们，当遇到失败或挫折，假如能像伯启这样，肯虚心地反省自己，马上改正有缺失的地方，那么最后的成功，一定是属于你的。不要花了代价，又学不到教训，那就悲哀了！

你并非一定要等到遭受失败与挫折才能够进行反省。两千多年前的孔子就提出了"吾日三省吾身"。现在的时代，一天只有"三省"或许不够，应该具有高敏感度，时时刻刻都能自我反省。唯有如此，才能时刻保持清醒。人做一次自我检查容易，难就难在时时进行自我反省，时时给自己一点压力，一点提醒。有空多反省一下自己吧，它会使你在工作上多一些自如，少一些被动。

把创新当成习惯

虽说知识就是力量，但即使一个人满腹经纶，若不懂创造与创新的话，也不是一个强者，因为只有创造与创新才能赋予知识活力。

在信息网络时代，电脑代替了人脑部分的记忆功能与推进功能，信息高速公路使人们需要的大量知识和信息可以迅速获得。知识越来越社会化，越来越容易获取，创新因此成了大脑最重要的功能。三百六十行，要想当"状元"，哪一行不需要创新？发展创新思维是摆在人们面前一项艰巨而又必须进行的任务。

一个墨守成规的公司没有前途，一个墨守成规的员工也没有前途。改进自己的工作方法、创新自己的工作思路是每个员工必须努力去做的事。要想成为最能为公司创造效益的员工，首先你必须具有主动改变、主动创新、主动进取、主动改善的意识和能力。唯有改变和创新才能实现工作效率和工作质量的质的飞跃。

在我们经历的岁月中，有时候我们必须作出困难的决定，开始一个更新的过程。我们必须把旧的习惯，旧的传统摒弃，使我们可以重新飞翔。职场之中，像时尚界一样，容易落后的不是你的衣服，而是你的想法和能力——对待工作的态度。为什么人能够取得这么大的进步？因为人有创新能力。

创新能力是从哪里来的呢？

不是从天下掉下来的，也不是生来就有的。创新能力的基础是学习能力，创新能力是在学习过程当中形成的观察、比较、思考、推理、筛选、传承、改造、发展等能力的基础上形成的，创新能力实际上是一种推陈出新的能力。

打开创造之门是内因和外因的结合，而且最重要的是要突破你自己。一是要有良好的心态。任何人都要经过成功与失败，可能会反反复复飞，在这种变化中，你就要学会生活的方法，提高你的心理承受力。二是要脚踏实地一步一步地去做，仅有理想、目标是不够的，不知道怎样一步步去做是不行的。保持脚踏实地的行动，才能让成功最终落地。

勇于挑战高难度工作

阻碍你在职场上发展的最大的障碍是什么？不是虎视眈眈的竞争者，也不是嫉贤妒能的昏庸老板，最大的障碍是你自己！是你面对高难度工作推诿求安的消极心态。

勇于向"不可能完成"的工作挑战的精神，能为你的成功保驾护航。职场中，很多人如你一样，虽然颇有才学，具备种种获得老板赏识的能力，但是却有个致命弱点：缺乏挑战的勇气，只愿做职场中谨小慎微的"安全专家"。

对不时出现的那些异常困难的工作，不敢主动发起"进攻"，一躲再躲，恨不能避到天涯海角。

这种人认为：要想保住工作，就要保持熟悉的一切，对于那些颇有难度的事情，还是躲远一些好，否则，就有可能被撞得头破血流。结果，终其一生，也只能从事一些平庸的工作。

有句名言："一个人的思想决定一个人的命运。"不敢向高难度的工作挑战，是对自己潜能的画地为牢，只能使自己无限的潜能化为有限的成就。与此同时，无知的认识会使你的天赋减弱，因为你的懦夫一样的所作所为，不配拥有这样的能力。

"职场勇士"与"职场懦夫"，在老板心目中的地位有天壤之别。一位老板描述自己心目中的理想员工时说："我们所急需的人才，是有奋斗进取精神，勇于向'不可能完成'的工作挑战的人。"

具有讽刺意味的是，世界上到处都是谨小慎微、满足现状、惧怕未知与挑战的人，而勇于向"不可能完成"的工作挑战的员工，犹如稀有动物一样，始终供不应求，是人才市场上的"抢手货"。

在如此失衡的市场环境中，如果你是一个"安全专家"，不敢向"不可能完成"的工作挑战，那么，在与"职场勇士"的竞争中，永远不要奢望得到老板的垂青。当你万分羡慕那些有着杰出表现的同事，羡慕他们深得老板器重并被委以重任时，那么，你一定要明白，他们的成功绝不是偶然的。

如同禾苗的茁壮成长必须有种子的发芽一样，他们之所以成功，得到老板青睐，很大程度上取决于他们勇于挑战"不可能完成"的工作。在复杂的职场中，正是秉持这一原则，他们磨砺生存的利器，不断力争上游，才能脱颖而出。

职场之中，渴望成功，渴望与老板走得近一些，再近一些，是多数员工的心声。如果你也在其中，那么当一件人人看似"不可能完成"的艰难工作摆在你面前时，不要抱着"避之唯恐不及"的态度，更不要花过多的时间去设想最糟糕的结局，不断重复"根本不能完成"的念头——这等于在预演失败。就像一个高尔夫球员，不停地嘱咐自己"不要把球击入水中"时，他脑子里将出现球掉进水中的图像。试想，在这种心理状态下，打击出的球会往哪里飞呢？

怀着感恩的心情主动接受它吧。用行动积极争取"职场勇士"的荣誉吧。让周围的人和老板都知道，你是一个意志坚定，富有挑战力，做事敏捷的好员工。这样一来，你就无须再愁得不到老板的认同了。

你也许会用"说起来简单做起来难"来反驳这些思想。其实，很多看似"不可能"的工作，困难只是被人为地夸大了。当你冷静分析、耐心梳理，把它"普通化"后，你常常可以想出很有条理的解决方案。

而最值得一提的是，要想从根本上克服这种无知的障碍，走出"不可能"这一自我否定的阴影，跻身老板认可之列，你必须有充分的自信。相信自己，用信心支撑自己完成这个在别人眼中不可能完成的工作。

信心会给予你百倍于平常的能力和智慧。因为"自信的心"能够打开想象的心锁，让你能够驰骋在理想的空间，赋予你实现梦想的"关键元素"——足够的能力和智慧。

你或许也发现了这样一种情况：在你的周围，那些十分自信的同事总能把工作完成得很好，而在你眼中，这些工作常是不可能完成的。可是到了他们那里，一切都迎刃而解，也因此，他们越来越受老板器重。

此时此刻，在了解了自信的魅力后，相信你不会再对他们投注那么多的惊叹和置疑。要知道，如果你自己拥有了足够的自信，同样也有能力化腐朽为神奇，将"不可能"变为"可能"。

当然，在灌注信心的同时，你必须了解这些工作为什么被称为"不可能完成"的工作，针对工作中的种种"不可能"，看看自己是否具有一定的挑战力，如果没有，先把自身功夫做足做硬，"有了金刚钻，再揽瓷器活儿"。须知道，挑战"不可能完成"的工作会有两种结果——或成功或失败。而你的挑战力往往决定了你能获得两者中的哪一个，不可不慎。

　　但换言之，如果你对自己的挑战力判断有误，挑战之后让"不可能完成"一语成谶，千万不要沮丧失望。聪明、成熟的老板，一定不会只看结果是成功还是失败了，他决定你是否应该受到器重，还会观察你是否具有敢于挑战的工作态度和能够处理调整的头脑。他比任何人都明白，没有一种挑战会有马到成功的必然性。所以，你依然是老板喜爱的"职场勇士"。同时，你所经历的、所得到的，都是胆怯观望者们永远都没有机会知道的——因为他们根本就不敢尝试。

第十三章
老板最不喜欢的六种人

第十三章 老板最不喜欢的六种人

要做就做老板喜欢的员工。

人的看法很奇妙,对某人从喜欢到不喜欢的转变比较容易,但从不喜欢他到喜欢他则非常之难。因此,人在职场,若一时还做不到让老板喜欢,至少先做到不让老板不喜欢。如果成了老板不喜欢的人,再要变成他喜欢的人则太困难了。

不同的老板也许会喜欢不同的员工,但所有的老板对于不喜欢的员工却有着惊人的一致。在本章,我们将列举六种时下老板们最感到恼火的员工。

容不得批评的人

在受到批评时,或断然否认批评的合理性,进而怀疑他人,或不假思索地全盘接受批评,并为自己的过失而惶恐不安。这两种面对批评的态度,都属于"容不得批评"。

古人云:闻过则喜。现实中真正能正确面对批评的人不多,喜欢被批评的人更是少见。尤其是缺少自信的人,对批评有着超常的敏感性,一遇到别人对自己的批评,总千方百计想避开它,久而久之就会产生恐惧感,越是不自信就越害怕别人批评,越害怕批评,就越容易摔大跤,克服害怕批评的唯一办法是勇敢地面对它。

要冷静地倾听他人的批评,不要中途打岔,不要用面部表情或身体动作表现出你不愿让对方继续说下去,而应在心中仔细想想别人的指责,找出自身确实存在的问题,并勇敢地承认它。

让对方明白地说出他的意见,如果他对你的批评含混不清,你就不会知道自己的缺点是什么。请批评者为自己提出建设性的建议，这样不但可以了解对方，而且还可以学到解决问题的方法。

如果别人批评得不合理，也要让对方把话说完再解释。如果别人批评得有理，的确是自己的错误，那么你中途打断就应向对方道歉，表示愿意改正。不过，不必一而再再而三地请求别人原谅，过分的谦卑无益于自信的培养。

无论别人的指责对错与否，关键是绝不能只关注事物的表面，未经思索就认定一切。你必须立即提出疑问，尽快明白对方准确的意图。在向对方发问的时候，态度要客观、冷静，不要掺杂排斥和敌对的情绪。要站在对方的立场想问题，体会他的感受。这种做法有助于加强双方的交流，并互谅互让，达成共识。如你可以说："你的意见没错，我的确太大意了。我们可以协商出更好的办法。"即使你遇到的是对方的错误的、不公正的指责，也不要当面与其冲突，要让自己冷静再冷静，并表现出一种感谢与信任的表情，避免纷争。只要把握窍门，让对方觉得自己受到了重视，他会很快怒气自消。

当充满火药味的场面缓和之后，你就可以开始诚恳地解释一切了。倘若对方的指责是错误的，而你又必须以客观的立场表明自己的看法时，说话要留有余地，千万不可得理不饶人地批评对方。如果对方是正确的，一语中的，指出了你的缺点，你就要认真而虚心地接受，并表达你的感激与歉意，这会使对方对你好感大增。

工作中任何批评都是有原因的，不妨先找出问题的症结。如果你真的受了委屈，也不要与别人发生冲突，千万不可把批评当成世界末日，而是要以宽容的态度对待它，并积极地加以解决。

混饭吃的人

一个颓废的员工，如同糊不上墙的烂泥，到任何一个单位都不能讨老板的喜欢。这类员工常常对别人说："过一天算一天吧！能混口饭吃就行了！""怎么做都不至于丢饭碗吧！"他们实际上已经承认了自己人生的失败，甚至他们已经偏离了人应该具有的正当生活，根本就谈不上什么"进步"与"成功"。

为什么不能提起精神来呢？振作精神虽然未必能立竿见影，使你得到物质上的收益，但是它能够使你的生活变得充实起来，并使你工作重新获得无穷的乐趣。如果不振作精神，做任何事情都不会有进步。你必须集中你的全部精力与体力去完成它，每天都要使自己的能力有所进步，经验有所积累。其实所有的工作都可以用来发展我们的才能，丰富我们的经验。如果一个人振作起来，有那样的意志力，那么他的收入一定不会只是限制在"填饱肚子"的水平。

世界上的各种伟大事业没有一件是只想"填饱肚子"的人或者"得过且过"的人干成的。做成这些大事业的，都是那些意志坚定、不畏艰苦、充满热忱的人。试问一个想创作一幅名作的画家，如果他拿笔的时候都心不在焉，画画时有气无力，只是东涂西抹，那么他能画成一幅传世名作吗？对一位想写一首名垂千古好诗的大诗人来说，对一个想创作一部为人传诵的名著的作家来说，对一个想研究出一门有利人类的高深学问的科学家来说，如果他们工作时无精打采，草草了事，那么他们有成功的一天吗？

豪勒斯·格里利先生说，如果想把事情做到最完美的境地，就非得有深邃的眼光和充分的热诚不可。一个生气勃勃、目标明确、深谋远虑的人，一定会接受任何艰难困苦的挑战，会集中心思向前迈进。他们从来不认为生活是可以"得过且过"的，所以，他们的生活日日是新的，他们每月每天都在按计划进步，他们知道，一定要向前进，不管是进了一寸还是一尺，最重要的是每日都在进步。他们时常担心自己的能力不够，经验不足，唯恐自己沦落为一个仅能混口饭吃、仅能填饱子的平庸之辈。

世界上有无数的人在糟蹋自己的潜能和才干，每遇到工作中必须由他们自己来负责的事情，他们还总是习惯性地躲避，不敢面对眼前的困难与挫折，恨不得马上有人伸出援助之手，来帮助他、保佑他。在这帮得过且过、懈怠懒惰、能混口饭吃就行了的懦弱者的眼里，仿佛世界上一切的好位置、一切有出息的事业，都已人满为患。的确，像他们这样懒散成性能混口饭吃就行了的人，无论走到哪里，都不会有他们的立足之地，没有哪家公司会需要他们。社会的各行各业都急切需要那些肯负责任、肯努力奋斗、有主张有见地的人。

一个富有思想和判断力、具有创造力、能够刻苦耐劳的人，随处都可以立足，在哪里都有希望。

牢骚满腹的人

一个牢骚满腹的人，就像一个装满了怨恨的火药桶，随时随地会产生爆炸。他们或因工作暂时受挫，就埋怨生不逢时；或因不受上司赏识，哀叹怀才不遇；或因经济入不敷出，慨叹世界不公平……积怨愈深，无名火愈大，在单位里到处发泄，甚至大放厥词。日久天长，养成恶习，上班不是指桑骂槐，就是含沙射影。

这种人多半心胸狭窄，争强好胜，自视甚高。虽然这种人看上去一副伶牙俐齿，但因为牢骚满腹，惹人讨厌。身为这种员工的老板，最大可能是让其另谋高就。

为什么要牢骚不断呢？如果你在生活中有什么不如意，请在生活中去解决，不要带进工作场合。如果不如意来自工作当中，你要学会理性去解决，而不是毫无用处地抱怨。如果工作场合的矛盾解决不了，也没有必要发牢骚。你要么转换心境去接受，要么转换工作去改变。发牢骚百害而无一益。毛泽东说："牢骚太盛防肠断，风物长宜放眼量"，确是有识之论啊！

职场上导致牢骚不断的常见原因是怀才不遇。自己满腹才华，学富五车，身手不凡，却不遇明主，无法施展才能和抱负，当然有些憋屈。憋屈怎么办？靠发牢骚来发泄只能产生负作用，最佳的做法是"化生气为争气"：接受安排，积蓄力量，蓄势再发，或者自荐于人。

一遇到不平事，就发牢骚、闹情绪，那等于把自己的长处全都藏了起来，把弱点全都暴露在别人面前。你要谨记，在公司中，凭借发牢骚、闹情绪来使老板害怕你，使老板觉得对不起你而升你的职，是绝对不可能的。只有当老板觉得你能任劳任怨，工作重，报酬少时，他才会感到亏待了你，有了机会才会想到你。聪明人知道顺时而变，是真金总有闪光的时候，是千里马总会遇到伯乐。即使你一辈子屈居人下，那也是你自己没有本事，没有让自己的才能发挥出来的本事，有什么抱怨的呢？

自以为是的人

罗军出身书香世家，毕业于名校，一生平坦顺利，从不知挫败为何物。公司高层每小有动作，罗军往往发表一番评论，对高层决策一通指点。每每当高层决策失当，遭受挫折时，罗军就四处炫耀，言其高瞻远瞩，早有预料。

老板心下气恼，交给他一个有一定难度的业务，想借机惩罚一下他。罗军费了九牛二虎之力终于完成了任务，满心等着老板夸奖，老板淡淡地说：比我预想的迟了三天。罗军无形中吃了一闷棍，满心欢喜被一盆冷水浇灭。不待其休整，老板又交给他一个更难的任务，这次是要他夺回一个被竞争对手抢走了的重要客户。罗军使尽浑身解数，结果仍没有成功。老板问："你认为公司谁能完成此任务？"罗军摇头，言下之意，自己完不成的其他人也不可能完成。老板说："让小李试试吧。"罗军一脸的不屑。不出一月，小李将客户重新拉了回来。在例会上，老板对小李大加赞誉，同时也把罗军树为反面典型进行了批评。

可以肯定，罗军的性格一日不改，他在公司的日子就不会有舒心的一天。除非他离开这家公司——但到了别的公司，他这种自以为是的做法，照样会招来其他老板或上司的反感，结局也好不到哪里。

自以为是的人大都是从来不认错的人。这种人对自己的眼光和能力从来都不怀疑，有时明明是自己错了，却就是不承认；明明是自己将事情搞得很糟，但就是不认；明明是自己的指导思想出了问题，却偏偏说是他人将他的思想理解错了……总之，黑的说成是白的，错误变成了真理，成绩永远是自己的，错误永远是他人的。即便是他有错，也是"七分成绩三分缺点"，还经常是倒打一耙，反诬批评者不怀好心。不仅如此，为了杜绝批评者的反对声音，这种人还会利用权势大整特整那些批评者。

自以为是的人一般都是好大喜功的人。这类人喜欢自我肯定、自我表彰，做了一点点有益的事，就沾沾自喜，到处表功，唯恐他人不知道。这类人也只喜欢听好话，听吹捧的话，不喜欢听不同的意见，更不喜欢听反对的话，因而在他的周围聚集着一帮献媚于他的小人，这些小人会投其所好，在他的面前搬弄是非。

自以为是是一种非常可怕的坏毛病。它可以使人越来越不知道天高地厚，离真理越来越远，离逆境越来越近。那么，怎么纠正或消除自以为是这一坏毛病呢？

一是要谦虚谨慎，虚荣心不要太强，应尽量听取别人的意见。心太满，就什么东西都装不进来；心不满，才能有足够装填的空间。古人说得好："满招损，谦受益。"做人应该虚怀若谷，让胸怀像山谷那样空阔深广，这样就能吸收无尽的知识，容纳各种有益的意见，从而使自己充实丰富起来，不犯文过饰非的毛病。

二是不要轻易否定别人的意见。要理解别人，体贴别人，这样就能少一分盲目和偏执。要善于发现别人见解的独到性，只有这样才能多角度、多方位、多层次地观察问题，这是一个现代人必须具备的素质。无论如何，不能一听到不同意见就勃然大怒，更不能利用权势将他人的意见压下去、顶回去。这样做是缺乏理智的表现，是无能的反应，只能是有百害而无一益。

三是要有平等、民主的精神。而这种精神形成的前提条件是有一种宽容的心态。只有互相宽容，才能做到彼此之间的平等和民主。学会宽容，就必须学会尊重别人。尊重老板，人们一般都容易做到，而尊重比自己"低得多"的人，尊重被自己领导的人，就比较难了，尊重（民主）要从这一点开始。

什么叫尊重？就是认真地听，认真地分析，对的要吸收，并要在行动上改正；即便是不对的，也要耐心听，耐心地解释，做到不小气、不狭隘、不尖刻、不势利、不嫉妒，从而将自己推到一个新的思想修养高度。

四是要树立正确的思想方法。一个人为什么会自以为是？重要原因之一就在于他的思想方法有了问题，经常是一孔之见还要沾沾自喜，经常是一叶障目还要自得其乐。这类人不懂天外有天，不懂世界的广阔，因而夜郎自大，所以必须在思想方法上来一个彻底的脱胎换骨。

五是要多做调查研究。自以为是就是想当然，认为自己在书房里想的一切都是千真万确的，明明是脱离实践的，却还硬要坚持下去。为什么？就是因为他们书本知识太多，实践知识太少。所以建议这类人要多多深入到火热的实践生活中去，进行实地的调查研究，看一看实践是怎么回事，这样就容易避免自以为是的产生。

把公司当跳板的人

如果你是老板，你愿意你的员工只是把你的公司当成一块"跳板"吗？

以公司为跳板的做法，本质上还是缺乏对职业的忠诚、对公司的忠诚，这样的员工自然不会受到老板的青睐，得不到发展的机会，也不会有什么成就。

几乎所有的企业领导者都对这种以企业为跳板来达到自己目标的做法表示反对，一位公司的负责人说："许多应聘者才刚踏入职场两三年时间，却已经换了好几个工作单位了，对于这样的人公司是不欢迎的，因为他们太不稳定了，而且缺乏诚信和忠诚。"

现代社会，信息发达，为人们提供了很多工作的机会，也有工作后再选择的机会，以公司为跳板实现自己的目标，跳槽的事情已经是司空见惯了。很多企业付出巨大资源对员工进行培训，员工积累了一定的经验，却以这个公司为跳板，跳去了另一家公司，这样就使得原来的企业很被动。

一位人力资源经理说："当看到申请人员的简历上写着一连串的不同的工作单位和工作经历，而且是在短短的时间内，我的第一感觉就是这个人的工作换得太频繁了。频繁地换工作并不代表一个人工作经验丰富，而是说明了他的忠诚度有问题，他的适应性很差或者工作能力低。如果他能对企业和自己的职业忠诚，快速适应一份工作，就不会轻易离开，因为换一份工作的成本也是很大的。

"这样频繁跳槽的人，不能给人一种安全感和信任感。一个什么工作都做不长久的人，给人的感觉是跳槽不是公司的问题而是他本人的问题。他的工作能力值得怀疑；他对企业的忠诚度值得怀疑；我不能肯定他会在我的公司做得长久。所以这样的人，我们在录用时顾虑就会比较多。"

员工对企业不忠诚，不仅对企业的负面影响较大，而且也会影响到他自己的道德和信念，没有哪个老板会用一个对公司不忠诚的人。

以公司为跳板的想法，导致了很多人频繁地跳槽，而这样做的弊端也是显而易见的。

首先，对工作不利。一个人到一个企业从接受任务到熟悉业务，要有一个过程。想在工作中做出成绩，有所建树，需要的时间更长。如果频繁跳槽，对业务刚有点熟悉，又去了新的单位，有的还变换了工种、专业，又要重起炉灶重开张。跳来跳去，始终处在陌生的工作环境之中，不断需要从头开始、重新学习，这对工作是极为不利的。

其次，对自己的进步不利。要做好一件事，就要全身心地投入。有句话叫"板凳要坐十年冷"，就是说要十年、几十年如一日地刻苦钻研、埋头工作，才能使自己不断提高、进步。如果终日见异思迁，这山望着那山高，心思不定，坐凳不热，怎么能提高自己的工作能力呢？如果一味为了个人的利益而不安心工作，频繁跳槽，还会影响自己的形象和声誉，使用人单位对你心有顾虑。

最后，对用人单位不利。用人单位把任务交给你，指望你挑大梁，担主角，而你却半途而废，撒手他去，会给用人单位带来麻烦，有时还会造成损失。

成绩是做出来的，不是"跳"出来的。胜任任何一个岗位，都要有相当的知识和经验。这些经验来自在实践中不断摸索和积累。而频繁跳槽，决定了一个人在岗位上只能是"蜻蜓点水"，哪来多少积累。总之，不安心本职工作，想的不是好好工作，而是再谋高就，怎么可能取得令人满意的成绩，这就是丢了"西瓜"。

有些人把跳槽的原因归结于原单位的环境不如意、人际关系难处，试图通过跳槽来改变这种现状。其实，努力学会适应环境，改善环境，正是进步和提高的一部分。害怕和拒绝这种锻炼，又是丢了一次很好的机会。

一个人不管做什么工作都要把工作做好，这是对所从事的职业的高度责任感，是对职业的忠诚，是承担某一责任或者从事某一职业所表现出来的敬业精神。对于公司来说，忠诚会使企业的效益有很大的提高，还会增强公司的凝聚力，使公司更具竞争力；对于员工来说，忠诚能让你更快地和公司融为一体，真正地成为公司的一分子，更具有责任感，更有成功的机会。

嫉贤妒能的人

这类人一般是有点资历的老员工或有一定职位的"领导"。新员工或普通员工因为所处位置的关系，他们更多的是佩服与学习贤能。老板最喜欢的是贤能，你要是嫉贤妒能，岂不是和老板公然作对？

关于嫉妒，早在一百多年前德国伟大的古典唯心主义大师黑格尔就分析过："嫉妒便是平庸的情调对卓越才能的反感""有嫉妒心的人，自己不能完成伟大的事业，就尽量去低估他人的伟大，贬低他人的伟大，使之与他人相齐。"

嫉妒有两种：一种是害怕别人超过自己；另一种是醉心于或是故意炫耀自己的成绩，激起对方的嫉妒之心，以此作为一种享受。在人类的一切私欲中，嫉妒之心是比较顽固、持久的心理现象。

嫉妒是共同事业合作中的一大障碍，它是一个人内在虚弱自私的反映。一个有着强烈事业心的人，时时想着如何为公司多做有益的事情，懂得事业成功要靠大家的努力；一个充满成功欲和自信的人，会努力地充实自己，相信靠不懈的奋斗和追求定能获得成功。他无暇去想方设法找别人的毛病，挑别人的刺，永远不会担忧因为别人的成功而影响自己。

美国加州大学查尔斯·加菲尔德教授在对各行各业1500个事业上有成就的工薪人士进行研究后发现，这些成功者有一些共同特点，其中一条就是这些人是在与自己竞争而不是与他人竞争。他们想的是尽最大努力把事情做好，乐于集体协作，富有团队意识。

他们懂得，集体的智慧更利于解决棘手的问题，而很少想到怎么打败对手。试想，一个总担心别人胜过自己，过分分心去考虑如何战胜对手，把精力放在为别人设置障碍上的人，还能在事业上取得真正的成就吗？

工作中嫉妒之心，对人对己都是有害的，因此，我们必须将这种有害的情绪从自己心灵中清除出去，需要从下列四个方面去努力：

认清危害：嫉妒完全是一种于人有害于己无益的不道德心理。纠缠在这种情绪中，自己就不能迈步前行，而且这种心理本身就是一种见不得人的猥琐和卑鄙，因此，必须将其彻底扫荡。

克服私念：在现实生活中，嫉妒者对与自己关系好的同事的进步和成就，总是大度容忍，而对与自己关系紧张的同事，尤其是同资历、低资历者则会嫉妒丛生。之所以如此，主要是因为嫉妒者将关系好的同事看作"自己人"，只是放大了的"自己人"而已。因此，克服私念，对同事能够平等看待，是益己益人的好事，也是消除嫉妒心的基础条件。

认识自己：心存嫉妒者，首先自己也是想出人头地的，无论怎么掩饰，嫉妒的表现已经反映了这种心理。对此，嫉妒者应当正确地评论自己，在生活和工作中尽可能地发挥自己的优势，只要正确地努力，至少可以在某些方面取得成绩。另外，还得承认，你即使天资过人、精力旺盛，也不可能永远领先、永远不被别人超过。因此，正确地评价、看待自己和他人，也是从心理上战胜嫉妒心的武器。

替人着想：俗话说的"将心比心"就是这个道理，心理学称之为"心理位置互换"。当你感到嫉妒之心倏忽而生时，你可以想一想："假如是我取得了成绩，对别人这种无端的怨恨心中会有什么感受？"这种换位思维常会十分有效地帮助你摆脱苦闷的嫉妒心理。

与嫉妒心作斗争，的确是一场艰苦的磨炼，克服嫉妒心不能寻求任何外来的帮助，而全在于自己心中的调整。此情害己，对此要有警惕心，也要有解决之决心和方法。